2017-2018年中国工业和信息化发展系列蓝皮书

The Blue Book on the Development of SMBs in China (2017-2018)

2017-2018年
中国中小企业发展
蓝皮书

中国电子信息产业发展研究院　编著

主　编 / 刘文强

副主编 / 赵卫东

人民出版社

责任编辑：邵永忠
封面设计：黄桂月
责任校对：吕　飞

图书在版编目（CIP）数据

2017－2018年中国中小企业发展蓝皮书／中国电子信息产业发展研究院编著；刘文强 主编.—北京：人民出版社，2018.9
ISBN 978－7－01－019814－9

Ⅰ.①2… Ⅱ.①中… ②刘… Ⅲ.①中小企业—经济发展—研究报告—中国—2017－2018 Ⅳ.①F279.243

中国版本图书馆CIP数据核字（2018）第217719号

2017－2018年中国中小企业发展蓝皮书

2017－2018 NIAN ZHONGGUO ZHONGXIAO QIYE FAZHAN LANPISHU

中国电子信息产业发展研究院 编著

刘文强 主编

人民出版社出版发行

（100706 北京市东城区隆福寺街99号）

北京市燕鑫印刷有限公司印刷 新华书店经销

2018年9月第1版 2018年9月北京第1次印刷

开本：710毫米×1000毫米 1/16 印张：12.25

字数：220千字 印数：0,001—2,000

ISBN 978－7－01－019814－9 定价：50.00元

邮购地址 100706 北京市东城区隆福寺街99号

人民东方图书销售中心 电话（010）65250042 65289539

前　言

推动中小企业健康发展是我国一项长期战略任务。党中央、国务院高度重视中小企业发展工作，制定出台了一系列促进中小企业发展的政策措施。2017 年，我部会同各有关部门，与各级中小企业主管部门一道认真履职尽责，不断加大对中小企业的扶持力度；各地、各级中小企业主管部门也结合实际出台了一系列配套办法和实施意见，各项工作取得积极进展。

一是发展环境进一步优化。国务院继续大力推进“放管服”改革，围绕取消行政许可事项、清理规范行政审批中介服务、推进“多证合一”、激发民间投资活力等出台了一系列政策措施；持续减轻企业负担，加大对中小企业税收优惠支持力度，清理规范涉企收费，减少政府性基金，降低物流用能成本和中小企业互联网专线接入资费，2017 年仅支持大众创业、万众创新的税收优惠政策减税就超过 5000 亿元。2017 年，我国营商环境持续改善，中小企业的政策获得感不断增强，最新的世界银行《营商环境报告》显示，我国营商环境已成为全球 119 个经济体中营商环境改善程度最显著的经济体之一。

二是“双创”工作进一步推进。我部积极培育“双创”载体，创建第三批 103 家国家小型微型企业创业创新示范基地，培育 13 家单位成为国务院第二批“双创”示范基地，很多创新型初创企业在各类载体中从小到大，迅速成长。积极营造“双创”氛围，举办 2017 创客中国大赛，共有 5275 个项目参赛，同比增长 65%。与国家知识产权局联合启动并确定了 20 个试点城市实施中小企业知识产权战略推进工程。引导电信运营商、信息化服务商和专业机构推进中小企业信息化，全年组织开展活动 1 万余场，服务 240 多万人次。2017 年，大众创业蓬勃推进，全国新登记企业 607.4 万户，平均每天新增 1.6 万户，创历年新高；万众创新成效显著，全年发明专利申请量为 138.2 万件，全国技术市场交易额 1.3 万亿元，同比分别增长 14.2% 和 17.8%。

三是融资支持力度进一步加大。金融监管部门综合运用定向降准、支小再贷款、再贴现等货币政策工具，引导金融机构扩大小微企业信贷投放，截至2017年末，全国小微企业贷款余额30.74万亿元，同比增长15.14%，比各项贷款平均增速高2.67个百分点，小微企业贷款户数1520.92万户，比上年同期增加159.2万户。我部联合人民银行等七部门共同开展为期三年的小微企业应收账款融资专项行动，推动盘活企业存量资产，截至2017年末，人民银行征信中心应收账款融资服务平台累计促成小微企业应收账款融资近2.33万亿元；国家中小企业发展基金已设立195亿元规模的4只实体直投基金，完成出资项目125个，投资金额36.06亿元，投资项目涵盖高端装备制造、新能源新材料等多个领域，分布全国各区域。

四是公共服务体系进一步完善。认定了188家国家中小企业公共服务示范平台；制定印发了服务规范评价指标体系，进一步提升服务水平；与财政部联合印发《推动中小企业公共服务平台网络有效运营的指导意见》，提高平台网络服务能力。完成了对50名万中小企业经营管理者和1000名中小企业领军人才的培训。平台网络、国家示范平台、示范基地全年共举办各类服务活动30余万场次，直接提供服务2300多万次，服务中小企业达3200多万家次。

五是交流合作进一步加强。不断深化多边、双边中小企业合作机制，成功设立APEC中小企业信息化促进中心，积极推进在德国率先设立“中国中小企业中心”，为中小企业“走出去、引进来”提供专业服务。成功举办第14届中国国际中小企业博览会，共有32个国家和地区的649家境外企业和2300多家境内企业参展。推进中外中小企业合作区建设，批复设立嘉兴、昆山、济南中德中小企业合作区，并积极促成了一批中外产业合作项目落地。中小企业出口业务保持了较平稳的发展，以中小企业为主体的民营企业2017年实现出口7.13万亿元，同比增长12.3%，占我国出口总值的46.5%，继续保持了出口份额居首的地位。

党的十九大明确了决胜全面建成小康社会、开启新时代中国特色社会主义新征程的宏伟目标，为新时代推进党和国家各方面工作提供了重要遵循，也为我们做好中小企业发展工作提供了方向指引。要按照“两个毫不动摇”的要求，进一步坚定做好中小企业工作的信心和决心。同时，充分认识推动中小企业健康发展，对于建设现代化经济体系、提高全要素生产率、增强我国经济创新力和竞争力，尤其是推动经济高质量发展的重大意义，继续抓好中小企业各项工作。

2018 年是全面贯彻党的十九大精神的开局之年，是决胜全面建成小康社会、实施“十三五”规划承上启下的关键一年，也是新修订《中小企业促进法》正式实施之年，要坚持以习近平新时代中国特色社会主义思想为指导，按照党中央、国务院决策部署，牢固树立新发展理念，牢牢把握高质量发展的根本要求，以供给侧结构性改革为主线，以贯彻落实新促进法为抓手，围绕“两聚焦三强化”做好促进中小企业主要工作：一是聚焦政策落实，扩大政策受益面；二是聚焦融资难融资贵问题，加大融资支持力度；三是强化“双创”工作，促进大中小企业融通发展；四是强化服务能力建设，提升服务质量和水平；五是强化部门协调，形成工作合力。

赛迪智库中小企业所立足对中国中小企业的持续关注，延续以往的系列研究，组织编辑撰写了《2017—2018 年中国中小企业发展蓝皮书》，对 2017 年中小企业发展状况和 2018 年中小企业发展态势进行梳理和展望。相信本书有助于广大中小企业了解和掌握国家的相关政策，同时也为新形势下社会各界研究中小企业政策和发展提供参考。

（工业和信息化部中小企业局局长）

目　录

政　策　篇

热　点　篇

展　望　篇

综合篇

第一章　2017 年中国中小企业发展环境

2017 年，全球经济复苏力度超出预期，发达经济体复苏格局由之前的美国“一枝独秀”转变为欧美等发达经济体增长趋于同步，同时，新兴经济体中的印度以及中国等国经济也实现了快速增长。

第一节　中小企业发展的国际环境

一、世界经济增长明显回升

2017 年 10 月 10 日，国际货币基金组织（IMF）发布的《世界经济展望》指出，在全球主要国家经济周期性回升加快的背景下，2017 年全球经济增长预计为 3.6%，比上年预期回升 0.4 个百分点。在欧元区、日本以及加拿大等国家经济较为强劲的发展势头下，IMF 将发达经济体 2017 年经济增长预期上调至 2.2%，较 4 月预期上调了 0.2 个百分点。鉴于当前美国经济政策尤其是财政政策存在的不确定性，IMF 将美国 2017 年经济增速下调 0.1 个百分点至 2.2% 的水平。得益于我国经济强劲的复苏态势，IMF 将新兴经济体 2017 年经济增长预期上调 0.1 个百分点至 4.6%。

2017 年 12 月 11 日，鉴于近期动荡因素带来的负面影响有所消退，联合国经济和社会事务部发布的《世界经济形势与展望》报告预测，2017 年全球经济增速为 3%，创近 6 年以来的最高增速。另一方面，全球不同区域的经济增速差异较为明显。东亚和南亚仍是全球经济最具活力的区域，对今年全球经济增长的贡献高达近 50%，我国对全球经济增长的贡献占比约为 1/3，同时阿根廷、巴西、尼日利亚和俄罗斯等国陆续走出经济衰退，但非洲、西亚及拉丁美洲和加勒比等地区的某些国家经济增长缓慢甚至停滞不前。

2017 年 10 月，世界银行预测 2017 年全球 GDP 增速为 2.7%，相较于 2016 年 2.3% 显著上升。该组织并对世界主要国家 2017 年经济增速进行了预测，鉴于美国房地产投资与开工数据回暖，认为美国经济呈复苏态势，并将该国 2017 年 GDP 增速调至 2.2%。而欧元区和日本经济将持续低迷，提出这两个地区 2017 年 GDP 增速分别为 1.5% 和 0.4%。12 月 19 日，世界银行发布的《中国经济简报》指出，在居民收入增长和外需回暖的支撑下，2017 年中国经济增长继续保持强势，并预计 2017 年全年增速在 6.8%，超过最初预期。印度 2017 年 GDP 增速达 7.6%，仍维持高位运行。相较于上年 -0.6% 的经济增速，俄罗斯 2017 年也将以 1.5% 的水平呈现明显回升态势。

表 1-1　国际机构对世界主要国家 2017 年经济增长的预测统计

国际机构	预估对象	10 月	较上次预期调整
国际货币基金组织（2017 年 10 月）	全球	3.6	上调 0.1 个百分点
	发达经济体	2.2	上调 0.2 个百分点
	新兴市场和发展中经济体	4.6	上调 0.1 个百分点
联合国（2017 年 12 月）	全球	3	—
	发达经济体	—	—
	新兴市场和发展中经济体	—	—
世界银行（2017 年 10 月）	全球	2.7	—
	发达经济体	—	—
	新兴市场和发展中经济体	—	—

资料来源：赛迪智库整理，2018 年 1 月。

二、世界主要经济体增长趋于同步

1. 美国经济稳健复苏

进入 2013 年以来，美国 GDP 在 2014 年 3 月触底，经过多次波动后，2017 年前三季度，该国 GDP 增速从 3.3% 不断回升至 5.3%，但是四季度小幅回落至 4.9%，仍略高于上年 4.7% 的最高水平。

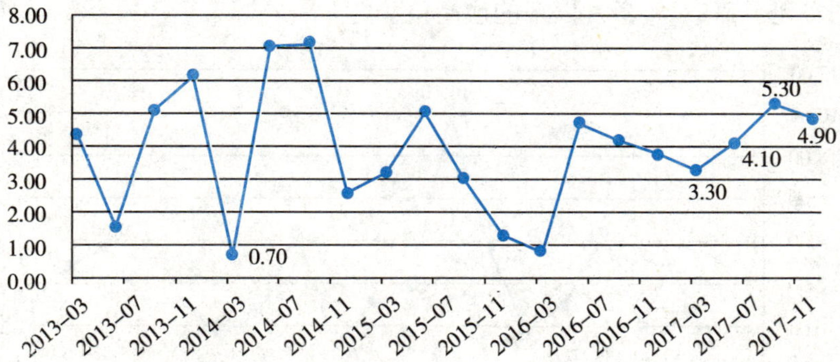

图 1－1　2013—2017 年美国 GDP 增幅年率

资料来源：Wind 数据库，2018 年 3 月。

从采购经理指数（PMI）来看，2017 年上半年，美国制造业扩张态势不断收紧，6 月，美国制造业 PMI 以 52 的水平实现今年最低值，但仍处于荣枯分水岭以上。之后该国制造业 PMI 经过小幅波动，于 12 月以 55.1 的水平成为自 2015 年 4 月以来的最高值。

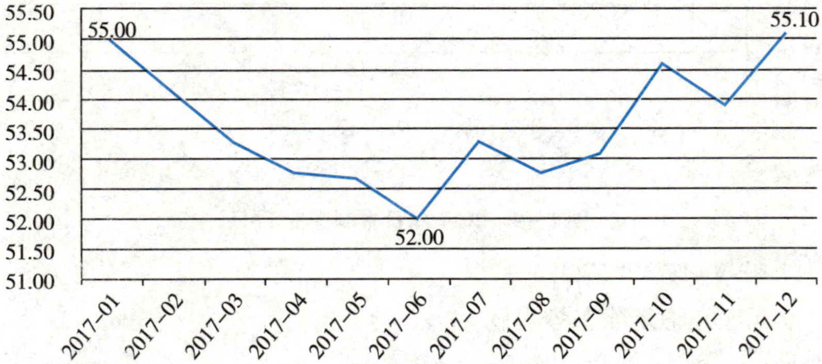

图 1－2　2017 年美国制造业 PMI

资料来源：Wind 数据库，2018 年 1 月。

2. 日本经济维持缓慢复苏态势

2017 年二季度，日本 GDP 增速为 3.6%，相较于一季度 1.1% 的水平，实现了小幅增长。后半年，日本经济增速滑落明显，至四季度 GDP 增速滑落至 1.1% 的水平，与一季度一致。

从采购经理指数（PMI）来看，2017 年上半年日本制造业 PMI 不断浮动，并于 7 月实现该年最低值 52.1，下半年该国制造业大幅回升，并于 12 月以 54

的水平实现了 2014 年 3 月以来的最高值。

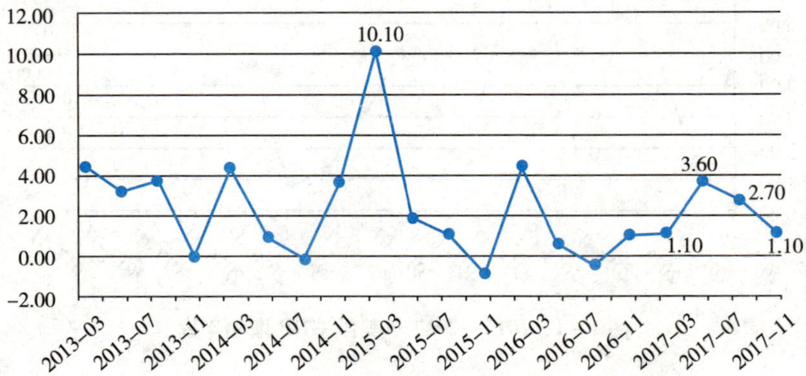

图 1-3　2013—2017 年日本 GDP 增幅年率

资料来源：Wind 数据库，2018 年 3 月。

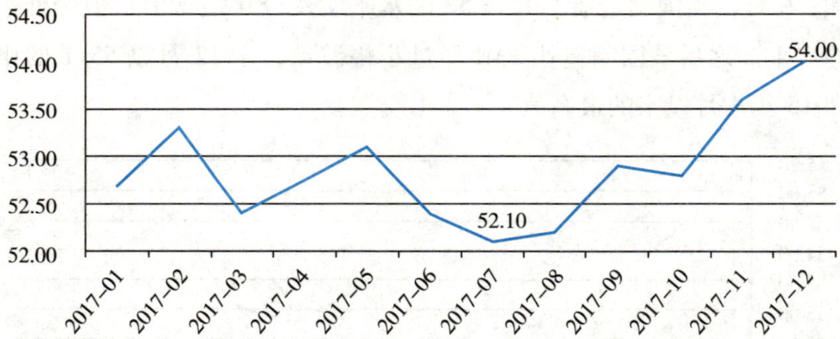

图 1-4　2017 年日本制造业 PMI

资料来源：Wind 数据库，2018 年 1 月。

3. 欧元区经济复苏态势明显

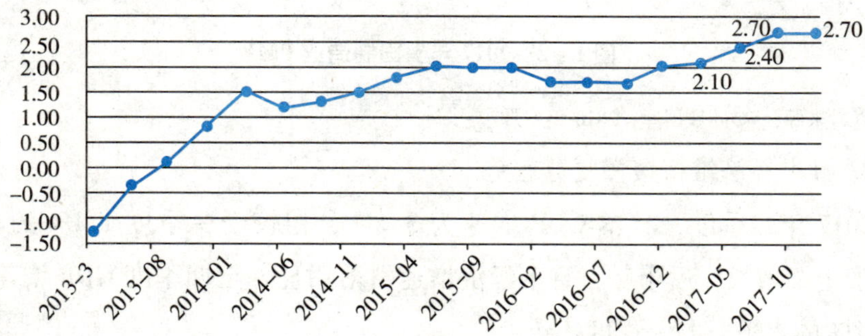

图 1-5　2013—2017 年欧元区 GDP 同比增速

资料来源：Wind 数据库，2018 年 3 月。

进入 2017 年后，欧元区 GDP 增速较为稳定，保持在 2.1—2.7 之间，相对于 2011—2013 年三年间较低增速，其复苏态势已经非常明显。

从欧元区部分国家 GDP 增速来看，2017 年，德国 GDP 同比增速分别为 2.13%、2.30%、2.71% 以及 2.91%，每个季度的经济增速都实现了不断攀升，并与欧元区 GDP 增速相差不大。2017 年四个季度，法国 GDP 增速略低于欧元区同期增速，但是该国经济复苏形势也较为明显，四个季度 GDP 增速均实现了小幅回升。2017 年四个季度，意大利 GDP 增速均低于同期欧元区 GDP 增长水平，但相较于一季度，四季度该国 GDP 增速回升了 0.3 个百分点，仍呈现出回升态势。

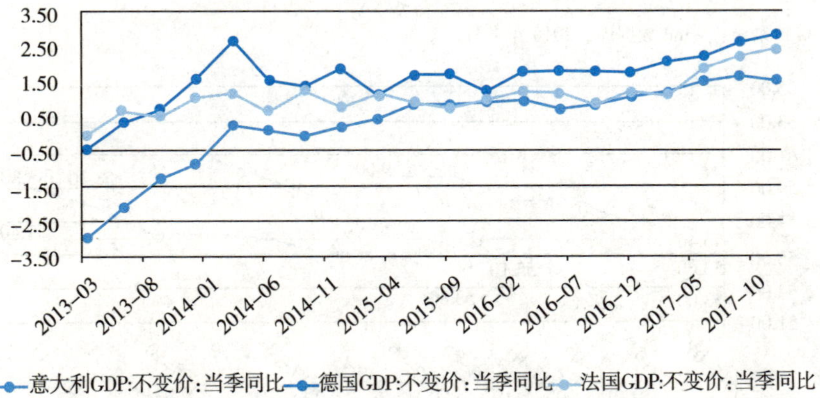

图 1-6　2013—2017 年德法意 GDP 同比增速

资料来源：Wind 数据库，2018 年 3 月。

从采购经理指数（PMI）来看，欧元区经济在接近年底时动能进一步提升，其制造业在 2017 年底创下创纪录的增长速度，12 月制造业 PMI 以 60.6 创下有史以来的最高值，相比于 1 月份回升 5.4 个百分点，回升幅度较大。

从成员国采购经理指数（PMI）来看，2017 年底欧元区制造业扩张态势几乎遍及其覆盖的主要国家。其中，2017 年 12 月德国制造业 PMI 以 63.3 的水平创下有史以来的最高值。2017 年上半年法国制造业 PMI 略有波动，但其扩张态势较为明显，相较于 1 月份，12 月该国制造业 PMI 扩张了 5.2 个百分点，回升幅度较大。12 月，意大利制造业 PMI 比上月回落 0.9 个百分点，但仍处于高位运行阶段。

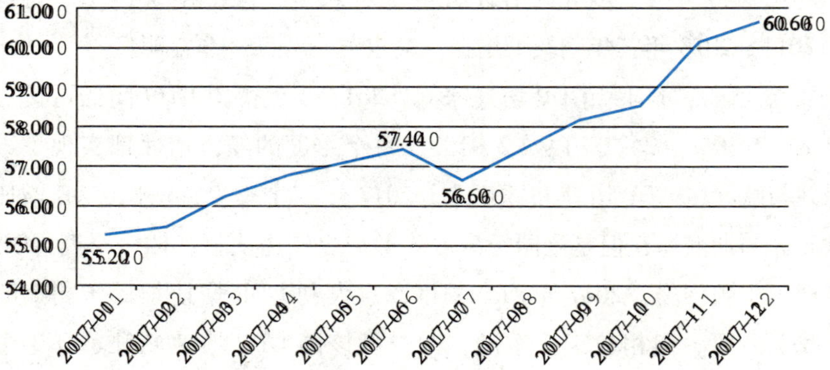

图 1－7　2017 年欧元区制造业 PMI 统计

资料来源：Wind 数据库，2018 年 1 月。

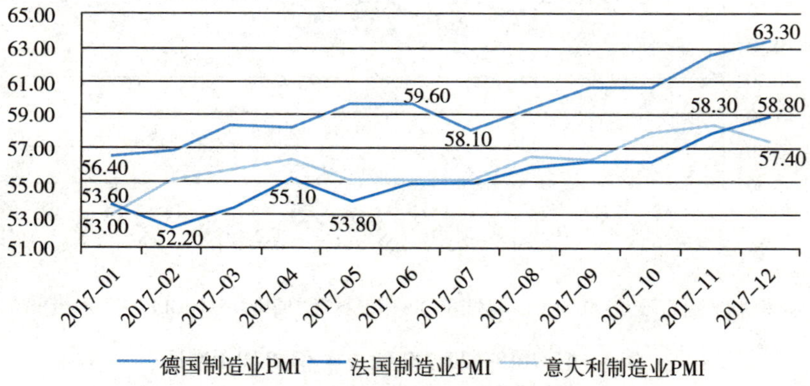

图 1－8　2017 年德法意制造业 PMI 统计

资料来源：Wind 数据库，2018 年 1 月。

4. 新兴市场经济发展分化较为明显

2017 年，新兴市场和发展中国家经济内部分化较为明显。具体而言，相对于 2016 年印度经济的高增长率，2017 年印度经济增速有所放缓，但是相对于其他新兴市场，印度经济仍处于高速发展阶段。南非经济发展较为平稳，2017 年四个季度，其 GDP 同比增速分别为 1.01%、1.29%、0.79% 以及 1.46%，远低于印度经济发展速度。近几年发展中，巴西经济发展波动较大，并于 2015 年四季度以 -5.58% 的经济增速创下近几年最低值，但是 2016 年开始该国经济缓慢复苏，并于 2017 年分别实现 -0.01%、0.42%、1.41% 以及 2.12% 的 GDP 同比增速，呈现不断复苏趋势。

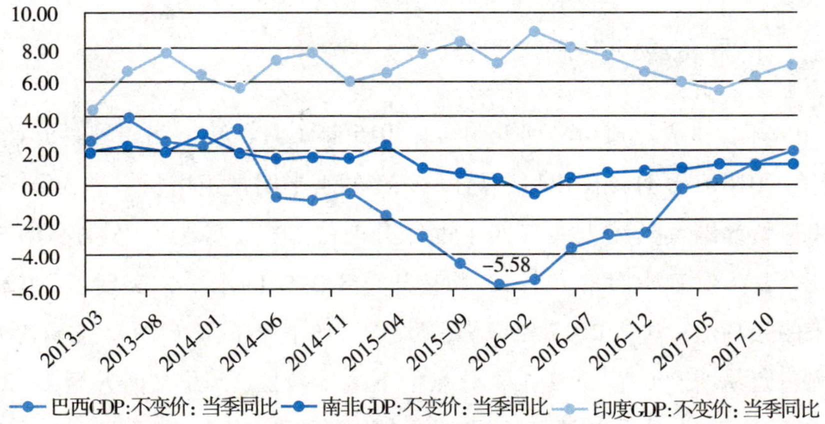

图 1－9　2013—2017 年 9 月新兴经济体部分国家 GDP 同比增速

资料来源：Wind 数据库，2018 年 3 月。

从采购经理指数（PMI）来看，2017 年 1—5 月，南非制造业 PMI 均高于荣枯线，7 月回升 1.1 个百分点以 50.1 的水平重回荣枯线以上，但是之后五个月该国制造业 PMI 不断回落，并于 12 月创下近 18 个月以来的最低值；1 月，巴西制造业 PMI 仅为 44，创下 2016 年下半年以来的新低，但是巴西上半年制造业扩张态势明显，并于 4 月以 52 的水平实现自 2013 年 3 月以来的最高值，虽然 7 月稍有回落，但仍处于 PMI 临界点，之后不断回升至高位运行状态。2017 年 7 月，印度制造业 PMI 回落 2.6 个百分点降至荣枯分水岭以下，之后几个月不断回升，并于 12 月以 54.7 的水平实现 2013 年 1 月以来的最高值。

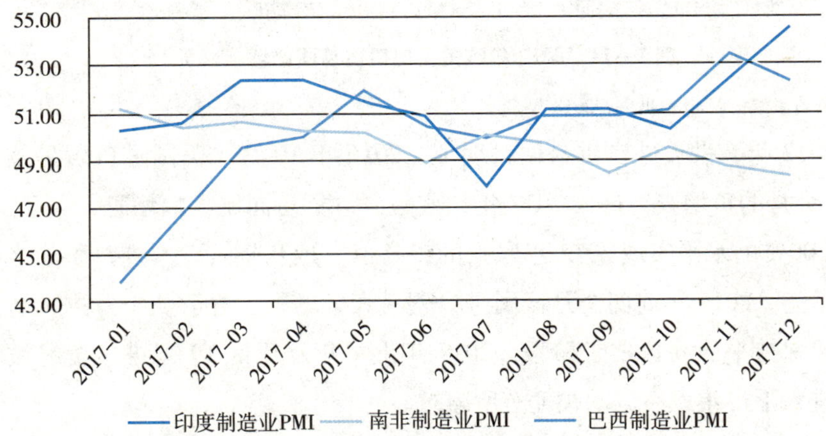

图 1－10　2017 年新兴经济体部分国家制造业 PMI

资料来源：Wind 数据库，2018 年 1 月。

三、世界贸易回升态势明显

2017 年，世界出口贸易回升明显。2015 年 1 月，美国出口贸易开始维持负增长，2016 年 8 月该国出口贸易以 0.25 的水平实现正增长。进入 2017 年，美国出口贸易继续延续上一年四季度回升态势，1 月实现 7.01 的高增长率，之后几个月虽然有所回落，但 11 月又升至 8.31% 的水平，实现了 2012 年 3 月以来的最高值；进入 2017 年以来，欧元区 19 国商品出口贸易波动较大。4 月份出口贸易增速回落 16.3 个百分点创下当年新低，5 月又回升至 13.8% 较高的增速，经过几个月的波动于 12 月大幅回落 7.7 个百分点至 0.9% 的水平；2016 年 12 月日本出口贸易开始实现正增长，进入 2017 年，该国出口同比大幅增长，并于 10 月以 16.00% 的水平实现 32 个月以来的最高增速。

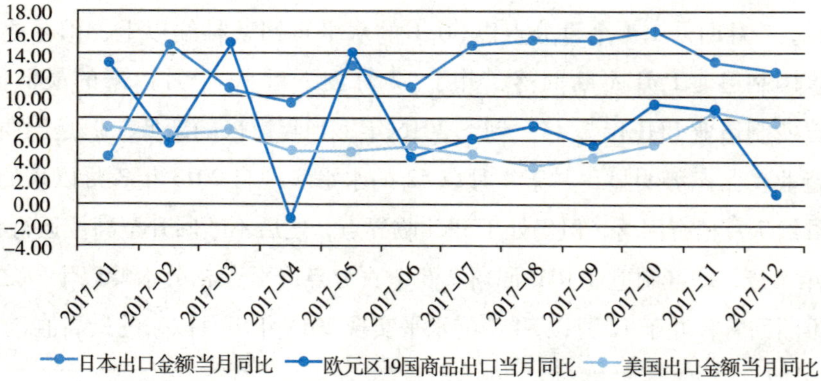

图 1-11　2017 年欧美日出口贸易同比情况（%）

资料来源：Wind 数据库，2018 年 3 月。

2017 年，世界进口贸易回升明显。2016 年 10 月，美国进口贸易结束长达 20 个月的负增长。进入 2017 年，该国进口贸易同比大幅增长，并于 12 月以 10.00% 的水平实现 2012 年以来的最高值。近几年，日本进口贸易多处于下滑状态，2017 年前四个月该国进口贸易大幅增长，之后几个月进口贸易同比增速保持平稳高速增长阶段。2017 年上半年欧元区 19 国进口贸易波动较大，进入下半年以后波动幅度有所减缓。

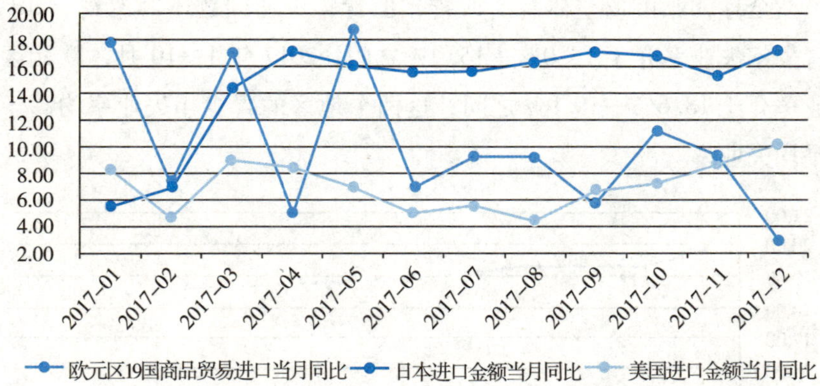

图 1－12　2017 年欧美日进口贸易同比情况（%）

资料来源：Wind 数据库，2018 年 3 月。

四、劳动市场持续改善

2017 年全球就业状况总体稳定。2017 年 1—12 月，美国失业率介于 4.1%—4.8%之间，相较于上年美国失业率不断降低，表明其就业状况得以改善；2017 年 1—11 月，日本失业率介于 2.7%—3.1%之间，略低于上一年失业率水平；2017 年 1—10 月，欧元区失业率介于 8.8%—9.6%之间，失业率从 1 月的 9.6%不断降低到 10 月的 8.8%，表明欧元区国家就业状况有所改善。

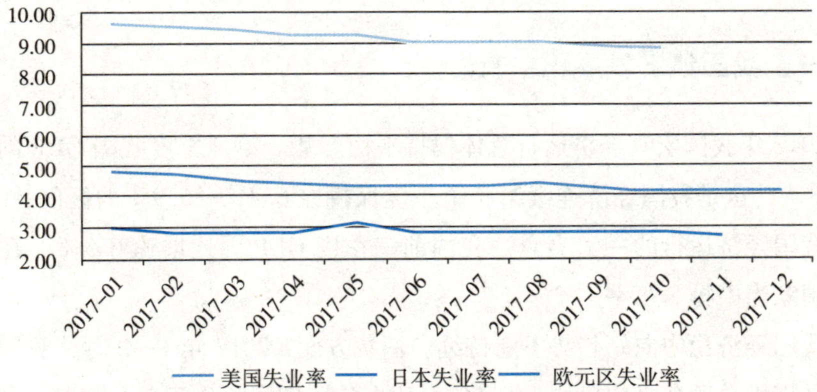

图 1－13　2017 年欧美日失业率（%）

资料来源：Wind 数据库，2018 年 1 月。

虽然全球就业市场整体有所改善，但青年失业问题不容忽视。2017 年，美国青少年失业率介于 13.0%—15.9% 之间，2017 年 1—10 月，欧元区青少年失业率介于 18.6%—19.9% 之间，这两个地区的青少年失业率均高于全国同期平均失业率。

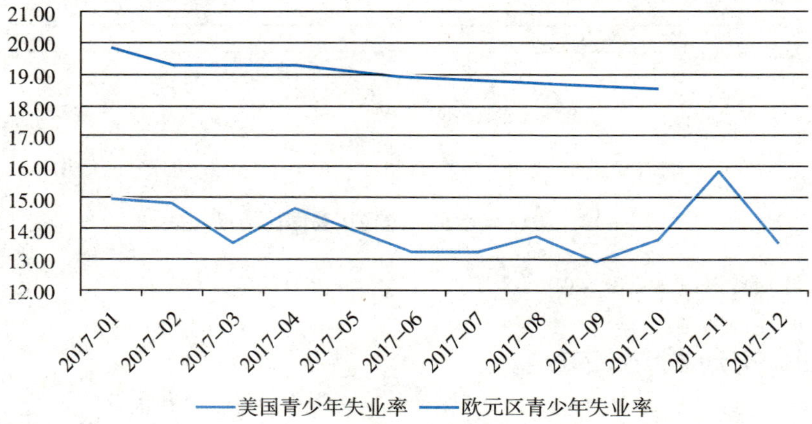

图 1-14　2017 年欧美青少年失业率（%）

资料来源：Wind 数据库，2018 年 1 月。

第二节　中小企业发展的国内环境

一、我国经济发展稳中有进

2017 年我国宏观经济运行总体保持平稳态势。第三季度我国 GDP 同比增长 6.8%，这是我国经济连续第 9 个季度保持在 6.7%—6.9% 的区间，“稳”成为我国经济运行的一大亮点。我国前三季度 GDP 同比增速 6.9%，在全球所有国家当中排名第一。

我国经济稳中向好趋势不断持续。消费方面，2017 年 1—2 月，我国社会消费品零售总额名义同比增长 9.5%，比上年同期回落 0.7 个百分点，经过不断回升，3—7 月期间，社会消费品零售总额当月同比均高于上年同期。虽然 8—9 月社会消费品零售总额当月同比低于上年同期，但是 10 月社会消费品零售总额同比增速与上年同期持平，反映出较之上年消费品零售总额当月增速的回落幅度有所降低。

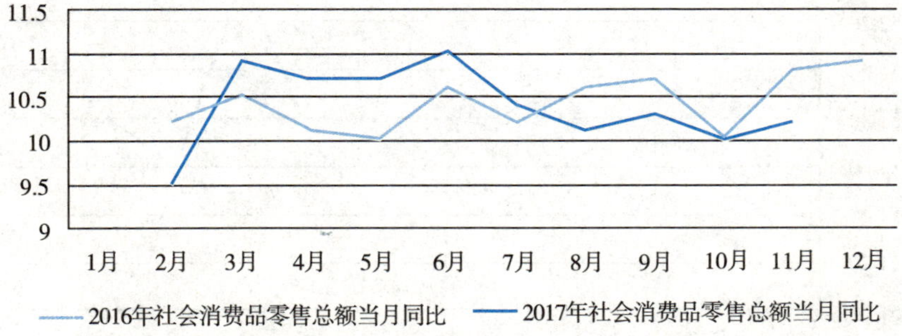

图 1－15　2016—2017 年我国社会消费品零售总额总计

资料来源：Wind 数据库，2018 年 1 月。

投资方面，国务院办公厅出台的《关于进一步激发民间有效投资活力促进经济持续健康发展的指导意见》《关于进一步做好民间投资有关工作的通知》以及《关于进一步激发社会领域投资活力的意见》等政策红利不断释放，基础设施、社会领域、高技术产业等行业民间投资增速明显提高。2017 年，我国民间固定资产投资 381510 亿元，比上年名义增长 6. 0%，占全国固定资产投资（不含农户）的比重为 60. 4%。6—11 月期间，我国民间固定资产投资不断回落，但相对于 2016 年下半年较低的投资增速，今年同期我国民间固定资产投资增速仍实现了较大增长。

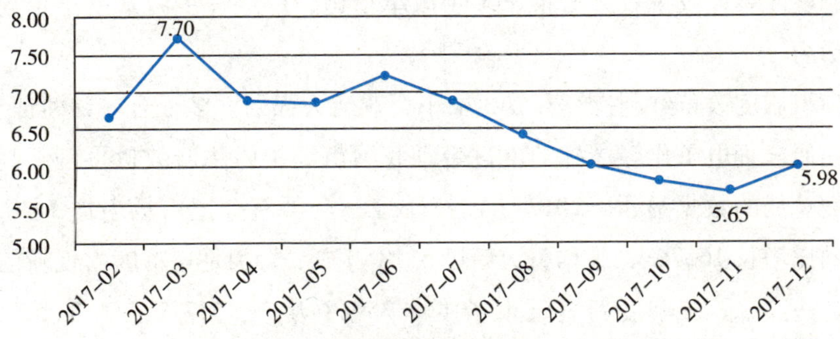

图 1－16　2017 年我国民间固定资产投资累计同比

资料来源：Wind 数据库，2018 年 1 月。

2017 年，我国制造业采购经理指数（PMI）波动频繁，9 月升至 52. 4 的水平，创下自 2012 年 5 月以来的最高值，12 月回落至 51. 6 的水平，但相对于上年发展状况，今年我国制造业扩张趋势仍较为明显。

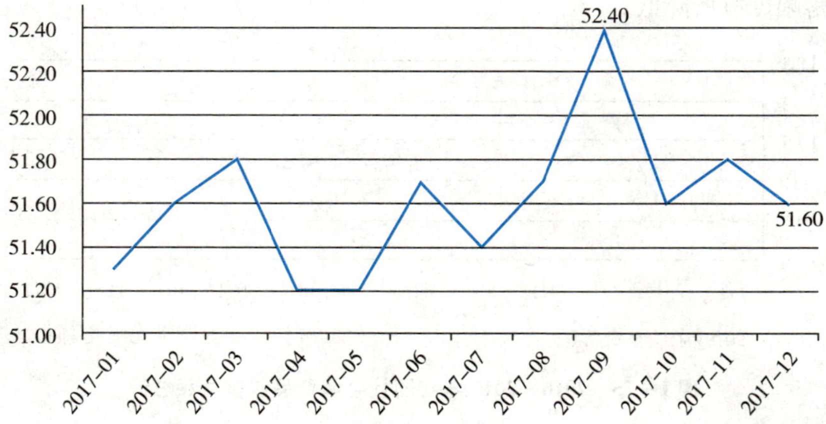

图 1－17　2017 年我国制造业 PMI

资料来源：Wind 数据库，2018 年 1 月。

虽然社会消费品零售总额以及民间固定资产投资出现了小幅波动，但是这些指标的波动都处于合理范围内，波动区间也较小，说明 2017 年我国宏观经济运行总体保持平稳态势。

二、创业创新环境不断优化

为了给中小企业营造更加便捷、高效、低成本的发展环境，我国政府在商事制度改革以及税收方面推出多项改革措施，以进一步激发中小企业创业创新活力。

商事制度改革红利持续释放，中小企业活力强劲。多证合一、两证整合、企业注册全程电子化等措施的推进带动我国市场主体注册数量再创新高。国家工商总局的数据显示，2017 年前三季度，全国新登记市场主体 1414. 6 万户，同比增长 16. 7%，平均每天新设 5. 18 万户。特别是三季度出现新的增长高点，一、二、三季度新登记市场主体 359. 8 万户、527. 2 万户和 527. 6 万户，同比分别增长 19. 5%、9. 2% 和 23. 3%。

税务部门以税收“减”法培育经济发展新动能。2017 年 1—9 月营改增减税 5750 亿元，为实体经济降成本、增后劲做出了贡献。同时，国家出台的一系列减税政策为中小企业降低了负担，据统计，2017 年前三季度，支持小微企业发展税收优惠政策减税超过1200亿元。其中，应纳税所得额在30万元至50万元间的小微企业户均减税达5.9万元，有力推动了供给侧结构性改革。

三、对外合作环境不断优化

“一带一路”作为国家战略，正逐渐从政策推动向重点领域合作项目落地中。“一带一路”战略地位有望在中央层面攀升，政策组合拳大概率在各部委获得优先级，为优化我国对外合作环境做出了贡献。据商务部数据显示，2017年以来，“一带一路”经贸合作取得明显成效，前三季度中国与“一带一路”沿线国家贸易额达7859亿美元，同比增长15%。

2017年7月发布的《中小企业“一带一路”同行计划》明确提出，在国内共建中外合作园区，扶持外向型中小企业在国内集聚发展，通过展览展销、团组考察、人才培训、招商引资、项目对接、服务体系建设等方式培养园区企业国际合作能力。8月，出台《关于开展支持中小企业参与“一带一路”建设专项行动的通知》，旨在促进我国中小企业与沿线各国积极开展经济技术合作以及贸易投资往来。中外中小企业合作区建设已经成为我国深入推进“一带一路”战略的重要抓手，为优化对外合作环境做出了贡献。目前，工业和信息化部已挂牌9家中外中小企业合作区，已吸引了大批拥有高端先进技术的外资企业及项目，以中德（太仓）中小企业合作示范区为例，截至目前，太仓累计引进费舍勒、博泽等德资企业230多家，其中，已有20余家德企在太仓设立了研发中心，极大地吸引了国内外优质型创新资源。

第二章　2017年中国中小企业发展整体情况

第一节　2017年中国中小企业发展状况

一、我国小微企业信心高涨

中国银行国际金融研究所发布报告称，“三去一降一补”深入实施，我国企业盈利延续改善趋势。在此情况下，2017年我国经济增速预料将在6.8%左右，实现高速增长。除此之外，很多国外机构对我国经济发展也做出类似预测，例如，花旗银行将我国2017年全年GDP增速预测值从6.6%调高至6.8%，渣打银行则预计我国有望实现2010年以来首次加速增长。

图2－1　我国小微企业运行指数

资料来源：国家统计局、渣打银行、经济日报，2018年1月。

从小微企业运行指数看，2017年，经济日报—中国邮政储蓄银行小微企业运行指数略有波动，但整体看来回升趋势较为明显。具体而言，2月小微企业运行指数以46的水平实现当年最低，之后经过不断回升于12月以46.7的水平实现当年最高水平，表明2017年小微企业运行状况有所改善。从各分项指标指数来看，呈现“六升一平一降”态势。其中市场指数为44.1，上升0.2个点；采购指数为46.0，较上月上升0.1个点；绩效指数为46.6，上升0.3个点；扩张指数为45.9，上升0.2个点；信心指数为49.2，上升0.3个点；融资指数为49.1，与上月持平；风险指数为52.6，上升0.3个点；成本指数为61.6，下降0.4个点。

二、区域发展差异较为明显

根据经济日报—中国邮政储蓄银行小微企业运行指数数据，2017年我国六大区域小微企业运行指数差异较大。具体而言，中南、华东以及西南三大区域的小微企业运行指数总体呈现上扬趋势，而华北、西北以及东北三大区域的小微企业运行指数总体呈现下降趋势。另一方面，中南地区小微企业运行指数介于47.5—50之间，华东地区小微企业运行指数介于46.3—49.1之间，这两大区域的小微企业运行指数高于西北地区以及东北地区小微企业运行指数。

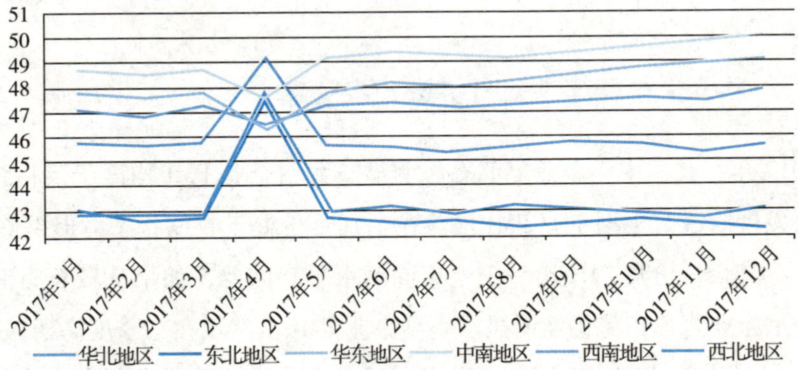

图2－2　我国六大区域小微企业运行指数

资料来源：中国经济网，2018年1月。

三、中小企业转型升级步伐加快

金融供给改善为中小企业转型升级扫清障碍。一方面，中小企业发展基金引导社会资金向初创期中小企业倾斜。截至 2017 年 9 月，国家中小企业发展基金总规模达 195 亿元[①]。国家中小企业发展基金带动下，地方中小企业发展基金随之落地，进一步拓宽中小企业融资渠道，激发全社会创业创新热情。除此之外，应收账款融资的推行使小微企业融资便利度和可获得性大幅提高。截至 2017 年 11 月 1 日，中国人民银行征信中心应收账款融资服务平台累计促成小微企业应收账款融资 5.77 万亿元。

信息化建设的提速将为中小企业转型升级增添动力。在各主要经济体将新一轮科技革命和产业变革作为提升创新能力、促进产业升级的背景下，2017 年 1 月，工信部印发《关于进一步推进中小企业信息化的指导意见》（工信部企业〔2016〕445 号），继续实施中小企业信息化推进工程，大力推动“互联网 +”小微企业创业创新培育行动，推动企业成为技术创新主体。作为应用新技术的主力军，互联网和信息通信技术的应用，能够大幅提升中小企业两化融合能力，并以此为突破口助推其创新转型。

第二节　2017 年中国中小企业发展存在的问题

一、中小企业复苏基础有待进一步夯实

2017 年，我国中小企业复苏态势明显。大型企业 PMI 均高于荣枯线，处于扩张发展阶段。中型企业 PMI 虽然在个别月份处于收缩状态，但是除了 10 月以外，其余月份其 PMI 均高于上年同期水平。因此，如果从较长时间周期看，中型企业复苏态势仍然明显。小型企业 PMI 虽然仅在二季度高于荣枯线，但全年 12 个月其 PMI 均高于上年同期水平，反映出小型企业仍存在明显的复苏态势。

虽然中小企业复苏趋势明显，但各种制约因素依然存在，中小企业自身在人才、资金、技术、信息等资源方面的劣势和短板决定了中小企业复苏基

① 工信部中小企业局负责人在广州举行的第十四届中国中小企业高峰论坛的讲话。

础尚不稳固，导致大中小企业 PMI 分化趋势依旧延续，小型企业 PMI 围绕荣枯线上下波动的趋势依然存在。

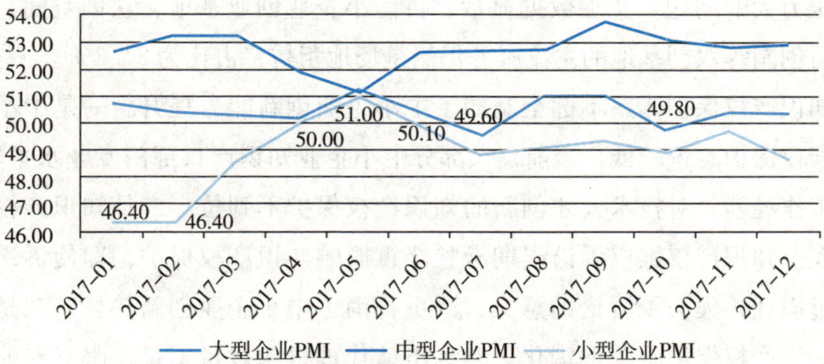

图 2－3　2017 年我国大、中、小企业制造业 PMI

资料来源：Wind 数据库，2018 年 1 月。

二、大中小企业融通发展环境有待进一步完善

加强大中小企业协作，实现融通发展，是推动实施国家制造战略的最佳路径，也是让市场在国家制造战略实施过程中对资源配置发挥决定性作用的重要举措。尽管大中小企业融通发展新模式不断涌现，取得积极进展，但仍然存在一些问题。首先，大企业从自身利益出发，更倾向与具有资金、技术等资源或渠道优势的其他大企业进行合作；其次，激励机制尚不健全，大企业带动中小企业融通发展的动力不足，一些国有大型企业担心被追责，双创平台等资源对内不对外，不向中小企业开放技术、市场等核心资源；再次，缺乏沟通机制，对于大企业来说，在哪些方面以及如何与中小企业开展合作，需加强沟通指导；最后，我国中小微企业主要依赖低价格、低技术、低收益、低附加值的传统发展路径，产业层次普遍不高，创新能力不够，缺少在细分领域“专精特新”的“隐形冠军”，与大企业协作配套能力不足。

三、小微企业创业创新生态有待进一步优化

双创载体建设有待深入推进。一是基地建设重数量增长，入驻率不高。已建成的各类双创基地往往存在缺少项目支撑，入驻率低。即使在创业创新

资源丰富的北京中关村地区，众创空间平均入驻率也仅有60%。二是基地运营模式单一，造血机制不足。我国双创基地普遍面临着运营模式单一和盈亏平衡压力大的问题。艾瑞数据显示，目前小企业创业基地、众创空间、孵化器、留创园等双创基地的主流服务仍然是场地租赁，占比为81.2%。

知识产权保护体系不健全制约了中小企业创新能力提升。一是中小企业知识产权保护意识较低。当前，大部分中小企业知识产权部门专业水平较低，缺乏工作经验，对技术人才创新的知识产权保护不到位。二是知识产权维权难度大。知识产权维权诉讼周期漫长严重影响知识产权保护，即使诉讼成功也时过境迁，失去了诉讼的意义，严重打消了中小企业创新热情。三是中小企业知识产权保护服务低端化。专利申请代理机构数量不足，服务专业水平不高，使中小企业创新成果难以得到保护。

创新人才培养缺失制约了中小企业创新。一是技术创新人才匮乏。“招工难、留人难”这一中小企业普遍面临的问题使得中小企业中从事技术创新的人员明显不足，直接制约了中小企业自主创新的能力。二是技术型人才流动性大。由于享受到的公共服务水平较低，导致中小企业雇员尤其是技术型人才流动性较大。在养老医疗、社会保险、户籍制度、子女教育等公共服务方面的不均等，严重影响着中小企业技术人才队伍的稳定性，也直接影响了中小企业对技术人才的培养投入和研发创新投入。

四、中小企业转型升级短板依然突出

中小企业融资供需矛盾依然突出。2017年，我国中小企业内在融资需求整体呈上升趋势。四个季度，中、小型企业贷款需求指数均较2016年同期数据，说明中小企业融资需求旺盛，复苏势头开始逐步显现。与此同时，融资供给依然存在一些“沉疴旧疾”，一方面中小企业融资门槛依然较高，多数企业仍然主要通过土地、房屋抵押获得银行贷款，应收账款质押融资、知识产权质押融资等动产融资比例较低，纯信用贷款的企业仅约10%；银行贷款不规范行为较为普遍，银行贷款手续繁、审批慢问题仍然存在，变相增加了中小企业的融资成本，导致中小企业贷款成本负担加重，占用了中小企业生产经营成本，直接制约了中小企业转型升级的步伐。

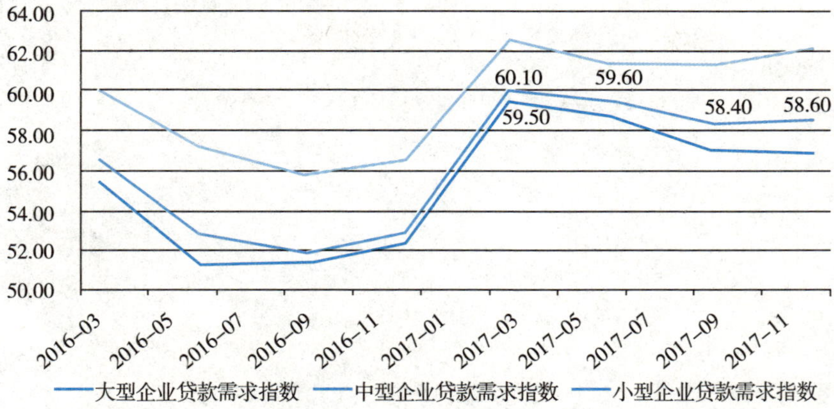

图 2－4　2016—2017 年我国大中小企业贷款需求指数（季度）

资料来源：Wind 数据库，2018 年 1 月。

“专精特新”中小企业政策体系尚不完善。中小企业走“专精特新”发展之路，是建设创新型国家的重要抓手。为了促进中小企业转型升级，增强自主创新能力，我国自 2013 年开始培育“专精特新”中小企业，一批“专精特新”中小企业在促进经济增长、推动创新、拉动就业等方面起到了示范引领作用。但是，目前缺乏对“专精特新”国家级的统一认定标准，各省市均是自行制定认定标准，差异较大，不利于对“专精特新”中小企业进行全国性的统一管理；且扶持“专精特新”中小企业的政策体系尚不完善，国家层面的“专精特新”中小企业政策缺失，已出台的地方政策中，资金、补贴等差异较大，不利于创新型企业的培育，中小企业转型升级任重道远。

中小企业信息化水平尚处于萌芽阶段。信息化是促进中小企业转变经济增长方式、加速转型升级的重要发展方向。我国中小企业信息化应用水平整体处于普及发展阶段，对信息化建设重视程度不够，小微企业在信息化发展上投入严重不足，多数小微企业信息化投入在 10 万元以下；人才短缺是当前小微企业信息化建设中面临的最主要困难，将近一半的企业反映信息化人才缺乏制约了企业信息化发展进程；此外，政策环境严重不足，目前国家层面支持中小企业信息化的政策较为宏观，缺乏具体的指导和支持措施，尚未形成长效的支持机制。

专 题 篇

第三章　地方中小企业发展基金运营经验研究

在国家中小企业发展基金的引领下，各地按照“按政府引导、社会资本参与、市场化运作”的原则，成立了多支省级中小企业发展基金。已设立或正在筹备的地方中小企业基金有13支，分别是北京市中小企业发展基金、河北省中小企业发展基金、黑龙江省中小企业发展基金、安徽省中小企业发展基金、河南省中小企业发展基金、江苏省中小企业发展基金、陕西省中小企业发展基金、甘肃省中小企业发展基金、青海省中小企业发展基金、新疆维吾尔自治区中小企业发展基金、四川省中小企业发展基金、云南省中小企业发展基金和深圳市中小企业发展基金。

第一节　地方中小企业发展基金总体情况分析

基金设立模式：地方中小企业发展基金主要采取三种模式，一是省级中小企业发展基金作为“母基金”，参股设立中小企业发展子基金，北京市、河北省、安徽省、陕西省、四川省、甘肃省和河南省等地均采用了“母子基金”的设立模式；二是基金以有限合伙企业模式设立，合伙人由普通合伙人（GP）和有限合伙人（LP）组成，普通合伙人对合伙企业债务承担无限连带责任，有限合伙人以其认缴的出资额为限对合伙企业债务承担责任。黑龙江省、云南省、深圳市、新疆维吾尔自治区和青海省等地均采用了“有限合伙制”的设立模式；三是“母子基金”+“有限合伙制”，例如江苏省。

资金规模和来源：地方中小企业发展基金总规模超过470亿元，资金来源主要分为两部分，一是财政资金，二是社会资本。经测算，地方中小企业发展基金的财政资金平均杠杆率为1∶4.19，充分发挥了财政资金对社会资本的引导、带动和放大作用，进一步促进了中小企业的发展。

投资方式：地方中小企业发展基金均为股权投资。

主管部门：地方中小企业发展基金主管部门主要分为三类，一是地方中小企业主管部门负责，例如河北省工业和信息化厅、江苏省经济和信息化委员会、云南工业和信息化委员会；二是地方中小企业主管部门和财政部门共同负责，例如黑龙江省、陕西省、四川省、甘肃省、青海省、新疆维吾尔自治区和深圳市等地；三是由省级政府建立相关机构负责，例如北京市经济和信息化委员会、北京市财政局等部门联合设立"北京市中小企业发展基金联席会议"，负责中小基金的决策、指导、监督、协调和管理。河南省、安徽省政府建立协调小组，由省政府负责同志牵头，省经济和信息化委、省财政厅等多部门负责。

管理模式：按照"政府引导、社会资本参与、市场化运作"的方式，地方成立省级中小企业发展基金管理委员会及办公室，负责制定中小基金运营总体规划、选择受托管理机构、制定管理制度、监督中小基金运行、审定年度报告等。

投资领域：主要投向省（自治区、直辖市）辖区内的具有良好发展前景的种子期、初创期的成长型中小企业，包括省级中小企业主管部门认定的专精特新中小企业，"科技小巨人"企业等。

第二节　部分地方中小企业发展基金成功经验分析

一、北京市中小企业发展基金

（一）基本情况

基金名称：北京市中小企业发展基金

设立模式：母子基金。母基金初期资金主要来源于：中小企业创业投资引导基金；高端制造业担保代偿资金；中关村现代服务业专项资金；中小企业发展专项资金。

运营机构：依据财政部《政府投资基金暂行管理办法》（财预〔2015〕210 号）、《关于财政资金注资政府投资基金支持产业发展的指导意见》（财建〔2015〕1062 号文）以及北京市财政局《北京市市级政府投资基金管理办法》（京财资产〔2016〕695 号）的相关规定，为实现北京市中小企业发展基金市场化、专业化管理，2016 年 10 月 31 日，北京市经济和信息化委员、北京市财政局经过材料初审、专家评审、尽职调查、商务谈判等环节，确定北京盛世宏明投资基金管理有限公司为中小企业发展基金母基金管理机构。下一步，基金名义出资人北京市中小企业服务中心将与北京盛世宏明投资基金管理有限公司签订委托管理协议。

设立时间：2013 年 11 月，北京市财政局联合北京市经济和信息化委员会上报北京市政府《关于设立北京市中小企业发展基金有关事项的请示》（京财经一〔2013〕2412 号）。2013 年 12 月，市政府批示同意设立北京市中小企业发展基金。

资金规模：根据北京市政府批示同意的《关于设立北京市中小企业发展基金有关事项的请示》（京财经一〔2013〕2412 号），以整合现有资源为主、筹集部分专项资金、当年预算适当增加、以后逐年补充发展的方式设立中小企业发展基金，政府计划出资规模 30 亿元，预计带动社会资本 120 亿元。

目前，中小企业发展基金规模 26.7 亿元，其中中小企业创业投资引导基金 16.2 亿元，北京市中小企业债权融资基金 3 亿元，北京市小微企业风险补偿基金 2 亿元，昌平中小微双创发展基金 1.5 亿元，高端制造业担保代偿资金 1.5 亿元，中关村现代服务业专项资金 2.5 亿元（其中，中关村现代服务业中小微投资基金 1 亿元，中关村现代服务业创业投资引导资金 1.5 亿元）。

投资方式：股权投资

投资情况：（1）中小企业创业投资引导基金投资情况。引导基金 2008 年设立，早于中小基金，初期规模 8 亿元，2010 年增资至 9.2 亿元，2013 年底调整到中小基金管理，目前规模 16.2 亿元。截至目前，引导基金合作创业投资机构对中小企业进行了 525 项股权投资，投资额 368722.3621 万元。在投资地域方面，投资于北京地区中小企业 404 项，占比 76.95%，投资额 295217.3358 万元；投资于外地中小企业 121 项，占比 23.05%，投资额 73505.0263 万元。在投资领域方面，投资于新一代移动互联网 284 项，占比

54.1%；现代都市76项，占比14.48%；自主可控信息系统51项，占比9.71%；智能制造系统和服务41项，占比7.81%；新一代健康诊疗与服务39项，占比7.43%；新能源智能汽车7项，占比1.33%；新材料项目5项，占比0.95%；通用航空与卫星应用2项，占比0.38%；云计算与大数据20项，占比3.81%。在投资阶段方面，投资于初创期的项目402项，占比76.57%；早中期114项，占比21.71%；成熟期9项，占比1.71%。

（2）小微企业风险补偿基金投资情况。风险补偿基金首批合作机构为北京银行，基金规模2亿元，合作期限2年。截至目前，风险补偿基金累计发放信用贷款363349.61万元，累计发放信用贷款企业745家，且无风险补偿申报。

（二）成功经验

1. 引导民间投资支持创新创业，政策成效明显

自2008年以来，引导基金以管好财政资金、用好财政资金为理念，面向社会公开征集并签约45家参股基金，总规模达82.75亿元，其中引导基金协议出资约21.08亿元，合作创业投资机构协议出资约61.67亿元，实现放大倍数约4倍，切实发挥出政府财政资金的引导功能作用，有效激发了民间资本投资热情。

2. 率先实现资金循环滚动利用，走在全国前列

作为全国首支省级中小企业创业投资引导基金，截至2017年4月底，引导基金已从16支参股基金中完成退出，退出金额约4.78亿元。引导基金不仅实现了本金的安全退出，同时退出资金将并入引导基金总规模，用于参股基金的后续出资，实现了基金的循环利用和滚动投资，进一步提高了财政资金的使用效率。

3. 助力全市大众创业万众创新，成果不断涌现

参股基金被投企业中，35家已在国内主板或新三板挂牌，90%以上的企业拥有重要专利技术或基于互联网的商业模式创新，充分利用本市创新资源优势，承接国家和本市科研院所成果转化，在新材料、智能制造、生物医药、互联网金融安全、节能环保等领域涌现出一批创业创新项目。比如红土嘉辉投资的北京太空板业股份有限公司，在引导基金的帮助下，凭借领先科研技术和优势产品快速占领市场，于2012年成功上市；启迪日新投资的爱博诺德

（北京）医疗科技有限公司，开发用于治疗白内障的可折叠人工晶体，打破了进口产品的垄断；国君力鼎投资的金电联行（北京）信息技术有限公司，基于大数据理论与云计算技术创建了具有自主知识产权的客观信用评价体系，成为中国人民银行批准备案的全国性企业征信机构。

4. 支撑全市产业结构优化升级，聚焦高精尖

所投资的525个项目中，全部聚焦新一代移动互联网、自主可控信息系统、智能制造系统和服务、新一代健康诊疗与服务等产业领域，为落实《〈中国制造2025〉北京行动纲要》，加快推动产业转型升级提供了支撑。

5. 支持京津冀中小企业发展，共享创投资源

引导基金积极落实京津冀协同发展战略，《北京市中小企业创业投资引导基金管理细则》中明确规定参股基金投资京津冀地区的天使期、初创期、早中期创新型中小企业的投资额比例不得低于全部投资额的70%。

引导基金各参股基金投资地区涉及北京、上海、天津、深圳、浙江、广州、山东、湖南等16个省市，其中京津冀地区投资企业413家，投资规模约30.24亿元，投资占比82.02%。通过引导基金的政策导向，合作机构积极响应，参股基金全部符合京津冀地区投资比例要求，并主动对接天津、河北等地优质创新创业资源，如星云创投投资的天津百恩威新材料科技有限公司，以高硅铝合金、超硬铝合金等高性能新材料产品为主，国内首创研发了新型急速冷却设备，在国内外处于领先水平。

6. 引领带动创投行业快速发展，凝聚优质资源

引导基金通过不断完善制度设计、优化运作理念，吸引和集聚了一批专业的创投机构、创业投资人、天使投资人，并有效带动合作机构共同成长。其中，启迪创投三次与引导基金合作，广泛布局医疗健康领域；英诺天使基金从最初与引导基金合作管理规模1.5亿元，目前已经发展为管理16亿元天使基金的管理机构；东方华盖除了与引导基金合作成立创投基金，其运营的东方嘉诚既是北京市中小企业公共服务平台，也是市经信委认定的小企业创业基地。

（三）存在的问题

1. 创业投资相关制度仍待完善

近年来，国家有关部委及各地相关政府部门针对创业投资领域出台了多

项法律法规，创投相关制度日趋完善。但是我国创业投资制度建设仍有不足，对于创投基金仍有诸多不合理限制。如2016年起，北京等地为进一步加强对投资类企业的登记管理工作，加强源头防范和风险防范，暂停投资类企业登记注册。此政策过于“一刀切”，没有顾及有政府引导基金参与的创投基金的特殊情况，由此导致引导基金在2016年合作设立参股创投基金的过程中出现了诸多困难。

2. 加快推进创投税收优惠政策实施落地

财政部和国税总局发布相关政策为创投机构、天使投资人打造宽松的税收环境。但相关政策的实施进度仍赶不上创投行业对于税收政策的急迫需求，应尽快出台相关实施细则，加快税收优惠的政策落地。

（四）未来发展趋势

1. 助力京津冀协同发展，聚焦高精尖领域

京津冀协同发展步伐加快带来新的市场机遇，三地均对中小企业的发展提供了丰富的政策资源和广阔的区域市场，京津冀区域内的资金、人才、技术等要素加速流动，中小企业将在京津冀地区获得更广阔的舞台。引导基金积极落实京津冀协同发展战略，通过政策导向，鼓励合作机构主动对接天津、河北等地优质创新创业资源并对优秀项目进行投资。中小企业发展基金将立足首都城市战略定位，加快推进科技创新中心建设，构建高精尖经济结构，帮助更多的科技型、创新型中小企业在京津冀落地生根，为中小企业创新发展提供重要的技术及服务支撑。

2. 创新模式探索，发挥产业集聚效应

中小企业发展基金鼓励创投机构与各类平台、园区进行合作，共同推动双创基地向智慧化、平台化、生态化方向发展，打造创投聚集区，发挥产业集聚效应，加快科技成果转化落地，形成“基地+产业集群+创投”的新模式。未来中小企业发展基金将充分利用政府项目资源优势，开放创新改革试验区域、双创示范基地、国家高新区、国家自主创新示范区、国家新型工业化产业示范基地、产业（技术）创新中心、科技企业孵化器、众创空间的项目（企业）信息资源。

二、江苏省中小企业发展基金

（一）基本情况

基金名称：江苏省中小企业发展基金

设立模式：作为引导基金设立子基金、合资成立专业投资公司、商业银行委托放大贷款模式等。

运营机构：江苏省中小企业发展中心

设立时间：2011年9月

资金规模：首期1亿元，根据基金投资情况逐年增加。

资金来源：江苏省经信委和江苏省财政厅共同出资。

主管部门：江苏省经信委

管理模式：成立基金管理委员会，由省经信委和省财政厅主要领导作为管委会负责人，决定投资方向选择、遴选投资机构等重大事项，基金承运单位在基金管理协议下负责项目具体投资和风险控制。

主要投资领域：江苏省内初创期、成长期的中小企业。

投资方式：投资方式以股权投资为主，少量的债权及可转债。目前存续期内的两只基金股权投资比例合计为81.77%，债权投资比例为18.23%。

投资情况：本基金成立了江苏省国信中小创投有限公司和江苏省新材料产业基金。注册资本2.02亿元的国信中小创投公司自2012年5月起开始投资，目前资金已全部投清，共18家中小微企业，平均投资额1120万元，分布在节能环保、机械、电子、化工、农药等行业；规模为5亿元的省新材料产业基金自2013年9月起开始投资，目前已投资23家企业，总额为4.8亿元，平均投资额2008万元，70%以上为新材料行业，分布在医疗器械材料、化工材料、光伏材料、石墨烯等细分行业。在基金投资间歇期，分别跟中国银行、江苏银行进行委托放大贷款模式合作，贷款总额超过20亿元，支持中小企业上千家，目前合作已经结束。

（二）成功经验

一是坚持市场导向原则。根据以往业绩、风险控制等指标，严格选择合格基金管理机构。子基金各方同股同权，改变以往“严格保证财政资金安全”

等硬性规定，增强民间资本信心，放大基金杠杆作用，提升各类资本支持中小企业发展的积极性。

二是明确界定各方职责。制定基金管理办法，作为基金运营总规则。科学设置基金管理架构，基金管委会负责制定发展战略、机构遴选，中小企业发展中心负责执行管委会决定和跟踪监督项目投资情况，子基金运作机构决定具体项目投资、风险控制并对全体股东负责。

（三）存在的问题

一是基金覆盖领域有待扩大。子基金从风险控制及投资回报角度出发，更多倾向于投资风险较小的成长成熟期企业，目前两只基金投资41家企业、总额6.82亿元，平均每家1663万元，实际投资企业多为融资难度不大的中小企业，存在受益企业数量少、平均投资规模大等现象。

二是相关管理规定有待优化。传统国有资产管理，强调“资本安全”，缺乏相应奖惩激励细化机制，国企受托单位动力不足，投资效率较低。民间投资机构机制灵活、管理规范、效率较高，运作较为成功。

（四）未来发展趋势

除了设立引导基金等投资方式，基金未来将探索多种投资模式：一是投资服务平台。平台具有覆盖面广、受益企业多等优点，投资经营稳健、受益良好的平台，可以充分发挥基金的普惠性。二是参与投贷联动机制。省内南京银行、江苏银行等地方法人银行，中小企业贷款余额、占比均高于一般银行，贷款企业数量较多且对企业较为了解，同时自身决策流程相对较短，联合地方商业银行设立专业投资公司，专门投资银行贷款客户中的中小微企业，减少信息不对称，降低投资风险。

三、陕西省中小企业发展基金

（一）基本情况

基金名称：陕西省中小企业发展基金

设立模式：母子基金。省中小企业发展基金作为母基金，参股设立子基金。

运营机构：陕西省金融控股集团

设立时间：2014 年

资金规模：30 亿元

管理模式：省级基金管委会由省财政厅会同省中小企业局等部门组成，管委会主任由省财政厅领导担任，管委会办公室设在省财政厅企业处，为日常办事机构；省中小企业局作为基金管委会成员单位之一，负责会同省财政厅每年组织各市（区）申报 1—2 次基金项目；省金融控股集团为基金的受托管理机构和出资人代表，负责基金的具体管理运营，包括组织尽职调查和专家评审，提出支持意见和计划，报基金管委会集体决策，并作为出资人代表对投资单位履行出资人职责。

主要投资领域：陕西省内初创期、成长期的中小企业。

投资方式：直接股权投资和优先股投资

投资情况：截至 2017 年 5 月，省财政厅累计下达省级中小基金 4 亿元（2013—2016 年每年 1 亿元），占基金总规模的 80%。2014 年起，省中小企业局会同省财政厅连续四年共征集项目 103 个，经管委会决议通过，已确定前三批支持项目 44 个，计划投资 4. 85 亿元，可带动资本 60. 4 亿元。其中，参股创投基金 14 只 2. 8 亿元，可吸引社会资本 27. 4 亿元；参股国有融资性担保公司 8 家 1. 15 亿元，带动增资扩股 17. 28 亿元；参股直投企业 22 家 9000 万元，带动企业投入 15. 72 亿元。截至 5 月 31 日，实际完成投资项目 40 个，完成投资金额 3. 09 亿元，其中参股 6 只创投基金 12000 万元，参股 8 家担保公司 10000 万元，直投 15 户重点企业 5400 万元已全部完成。其余 4 个项目正在办理投资手续，2017 年第四批项目征集工作已经结束，21 个项目待尽职调查。

（二）成功经验

省级中小基金运行三年来，在发挥财政资金引导和放大效应，缓解中小企业融资困难、降低融资成本以及带动社会投资等方面取得了积极的效果。

一是通过基金引导产业发展。中小基金参股的陕西大数据企业孵化等子基金拉动社会投资近 40 亿元，涵盖陕西省传统优势产业和战略性新兴产业，大量社会资金的投入必将带动上述行业优质中小企业的加速发展，对于陕西省经济结构调整，产业转型将起到积极作用。

二是加快担保公司发展速度。中小基金参股8家融资性担保公司1.15亿元，带动担保公司增资扩股17.28亿元，按照平均放大5倍计算，预计可为中小企业提供担保贷款92亿元。

三是帮助企业完成资本市场的跨越。中小基金被投22家企业中已有13家在新三板挂牌，1家在筹备主板上市，整体带动社会资本10亿元以上。

（三）存在的问题

在省级中小企业发展基金设立及运营过程中存在一些问题。

一是市县认识不到位，设立子基金存在难度。前两批基金项目征集中，除西安市外，其他地市很少设立基金。经过宣传和培训，去年以来这种情况有所改观，渭南、铜川、杨凌、西咸新区等市（区）均已设立了基金，但陕南、陕北仍是空白。

二是基金投资进度慢，创投基金类项目落实难。省级中小基金成立之初，由于省级投资平台管理基金数量多，工作人员少，尽职调查时间长，首批投资进度较慢。此外，省级中小基金的三个投资方向中，参股融资性担保公司和直投企业进展顺利，但由于经济下行压力较大，民间投资不振，创投基金类项目的社会出资落实难。已过会的14只创投基金中，目前仅有6只资金全部到位。

三是省级中小基金规模小。省级中小基金规模5亿元，全部来源于省级财政，未面向社会公开募集。按照目前过会的投资项目和项目储备情况，首轮基金将在两年内全部投完，后续投资力度将会大大减弱。

（四）未来发展趋势

根据外省中小企业发展基金有关做法和运营思路，下一步对陕西省中小企业发展基金提出以下设想：

一是扩大陕西省中小企业发展基金规模。加强对前期已投资项目的投后管理，更大限度发挥财政投入带动作用，吸引国有企业、民营企业、金融机构等入股，做大省级中小企业发展基金规模，争取将陕西省中小企业发展基金规模扩大到30亿元。

二是优化陕西省中小企业发展基金管理体制。基金的做大做强做专必须引入市场机制，吸引有实力社会资本共同参与。参照国家做法，学习东南沿海优秀基金管理模式，加强基金管理团队建设，发挥专业基金管理公司的优势，坚持用市场机制来配置和筛选支持项目，让市场发挥决定性作用。

三是积极争取国家中小企业基金支持。尽管陕西省是全国较早设立中小基金的省份，但由于省基金市场发展较慢，人才、制度、资金基础薄弱，两次申请均未获得国家支持。下一步要积极争取国家中小基金落户陕西省，同时积极争取国家中小基金 4 只子基金对陕西省企业的支持，通过实体基金的辐射作用，引导带动地方的股权投资企业，助推当地实体经济发展，放大基金的政策效果。

四、甘肃省中小企业发展基金

（一）基本情况

2016 年 10 月，根据《基金管理办法》，通过公开遴选确定了华龙证券股份有限公司为基金省级财政出资受托管理机构，作为政府出资代表，负责政府资金的安全，以政府出资额为限对基金行使出资人权利并承担相应义务。11 月，省财政厅、省工信委代表基金理事会与华龙证券股份有限公司签署了《甘肃省中小企业发展基金省级财政出资委托管理协议》（以下简称《财政委托协议》）规定了相关权责。同时，为加强对基金省级财政出资的监管和确保资金安全，华龙证券确定甘肃银行为基金省级财政出资的托管银行，省财政厅、省工信委代表基金理事会与华龙证券、甘肃银行签订了三方托管协议。11 月底，省财政厅将基金省级财政出资的 30000 万元拨付至甘肃银行开设的托管账户。

2016 年 10 月，华龙证券股份有限公司授权其全资子公司金城资本管理有限公司出资组建了甘肃华龙中小企业发展基金管理有限公司作为基金管理机构，负责募集社会资本、基金的日常投资和管理。2017 年 2 月，华龙中小完成了基金初步募资工作，华龙证券（省级财政代持）、金城资本管理有限公司（以下简称“金城资本”）、华龙中小签订了《甘肃省中小企业发展基金（有限合伙）合伙协议》，出资 51000 万元成立甘肃省中小企业发展基金（有限合伙）企业（以下简称为“基金合伙企业”），其中：华龙证券 30000 万元（代表省财政出资），金城资本出资20000万元，华龙中小出资1000万元。华龙中小与兰州银行达成合作意向，兰州银行定向资产管理计划拟向基金认缴出资7亿元，首期拟出资2亿元，具体实施细则正在商谈。

基金名称：甘肃省中小企业发展基金

设立模式：母子基金。省中小企业发展基金作为“母基金”，参股设立中小企业发展子基金。

运营机构：甘肃华龙中小企业发展基金管理有限公司

设立时间：2016年3月

资金规模：15亿元

管理模式：成立省中小企业发展基金理事会及办公室，负责审定理事会章程、基金管理办法等制度文件，审定政府出资等重大事项，审定受托管理机构年度工作报告、绩效评价报告和基金清算法案等。受托管理机构甘肃华龙中小企业发展基金管理有限公司为母基金日常管理机构。

主要投资领域：主要投向经省级主管部门认定的专精特新中小企业，“科技小巨人”企业，具有良好发展前景的种子期、初创期、早中期的创投企业和小微企业双创示范基地，现代服务业中的中小企业。

投资方式：股权投资

投资情况：截至目前，基金理事会办公室分别于2016年12月、2017年3月开展了两次基金投资项目征集工作，经合规性审查后向华龙中小推荐基金投资项目共计97个。华龙中小已对兰州、白银、定西、临夏、张掖、金昌、武威等7个市州的基金投资推荐项目开展了初审和初步调研，对36个拟投资项目进行了立项评审，其中：决定予以立项项目7个，重点跟踪项目2个，不予立项项目27个。接下来，华龙中小将加快项目投资进程，力争在上半年完成基金实缴出资的20%，1亿元的投资额。

设立情况：2015年12月3日，工业和信息化部、财政部联合召开国家中小企业发展基金工作会议。根据会议精神，省工信委、省财政厅向省政府上报了《关于甘肃省中小企业发展基金设立方案的请示》。

（二）成功经验

1. 省政府及主要领导高度重视。在基金设立前期，省工信委、省财政厅多次向省政府及主要领导汇报了国家中小企业发展基金的设立运行情况及省基金的设立方案，2015 年 12 月 11 日，省工信委、省财政厅就财政部、工业和信息化部联合召开的国家中小企业发展基金工作会议情况向省政府主要领导上报了《关于国家中小企业发展基金工作会议有关情况的汇报》。时任省长刘伟平批示："首期省级中小企业发展专项资金按 3 亿元作为基金启动，争取国家同等资金参股。"时任常务副省长咸辉批示："拟同意。请刘省长审示。"时任分管副省长黄强批示："请省工信委配合省财政厅按会议要求办。"

2016 年 2 月 3 日，根据省政府领导批示，省工信委、省财政厅向省政府主要领导上报了《关于〈甘肃省中小企业发展基金设立方案〉的请示》。时任省长刘伟平批示："同意"。时任常务副省长咸辉批示阅批。时任分管副省长黄强批示："拟同意"。3 月初，省工信委、省财政厅正式向省政府上报了《关于〈甘肃省中小企业发展基金设立方案〉的请示》。

2. 学习国家及兄弟省份先进经验。为了加快省中小企业发展基金的设立工作，规范中小企业发展基金的管理、基金理事会和办公室的日常运作，我委组织人员赴北京、四川、重庆、江苏、陕西等省市就中小企业发展基金相关工作进行了学习调研和座谈。通过借鉴国家和四川、重庆、江苏、陕西、北京等省市中小企业基金的管理制度，起草了《甘肃省中小企业发展基金管理办法》《甘肃省中小企业发展基金理事会章程》和《甘肃省中小企业发展基金理事会办公室工作规则》，并多次征求了工信部中小企业局、省级有关部门、基金理事会成员单位的意见，进行了多次修改完善，最终于当年 9 月份正式印发实施。

（三）存在的问题

1. 市州、企业对基金的认识还不到位。从中小企业发展基金第一批投资项目的征集推荐工作的实际情况来看，无论是市州政府部门还是企业都对基金的认识不到位，一是还停留在以前报项目的传统思维上，存在着基金既然有政府出资，就可以免费用的错误想法；再就是对基金的市场化运作、股权投资等方式认识不足，认为基金投资和财政无偿资助、贷款贴息一样，对基金的股权投资、退出方式等缺乏足够的认识。

2. 大部分中小微企业与基金的投资条件还有一定的差距。中小基金第一批投资项目通过是否符合产业政策、负债情况、连续盈利情况等合规性审查的占市州全部推荐项目的不到三分之一。再就是，中小企业发展基金的直投项目主要以股权投资的方式运作，而我省财务管理规范、股权明晰等符合现代企业管理制度的中小企业也少之又少，甚至有些中小微企业都不知道什么是股权投资、股份制企业。

3. 中小基金投资的覆盖面还较为有限。中小基金主要支持我省工业、农业、科技、教育、文化等各行业领域的种子期、初创成长型的中小企业，但是目前省级母基金直投企业是以股权投资的方式进行，主要是扶优扶强；对种子期、初创成长型的中小企业主要是通过参股市州、园区设立的子基金进行投资，而我省绝大多数市州、园区还没有设立相关基金，限制了基金的投资覆盖面。

（四）未来发展趋势

1. 促进基金发展的政策措施不断建立健全。建议充分借鉴发达地区的先进模式和成熟经验，充分考虑政府引导基金是不以盈利为目标的原则，从国家到省级层面，政府应当通过财政让利、税收减免等鼓励措施吸引社会资本参股基金。另外，政府也应当对政府引导基金有一定的投资容忍度，允许基金投资有赚有赔，保证基金的市场化运作，同时，加强对基金运作合规性、合法性的监管。

2. 基金综合管理人才培育步伐不断加快。从省实际情况来看，本土的基金管理公司、管理人才都十分有限，政府相关部门的基金管理能力也有待提升。应当通过联合高校培养、引入优质基金管理公司等方式，加强基金管理、从业人才培训体系建设，在为基金行业培养更多本土人才的同时，多渠道、全方位提升行业从业人员和政府部门相关管理人员的整体素质，为全省基金持续健康快速发展提供人力资源支撑。

3. 国家加强对省级尤其是西部地区中小企业发展基金的扶持引导力度。从我省中小基金的现状来看，资金规模偏小、投资专业化不够高、人才缺少等问题制约着基金未来的长期健康发展，国家中小发展基金应当充分发挥其资金、人才优势，对西部省份的现有中小基金从资金、人才、专业运作、地区合作等多方面进行扶持引导，促进省级地方中小基金的协调健康发展。

五、青海省中小企业发展基金

（一）基本情况

基金名称：青海省中小企业发展基金（有限合伙）

设立时间：2016 年 12 月

资金规模：12 亿元

资金来源：基金总规模 12 亿元，基金分两期募集，其中省财政出资 3 亿元，其余 9 亿元由各类社会资本认缴。首期基金规模 6 亿元，由省财政出资 1.5 亿元（由青海泉汪投资管理有限公司代表出资），二期基金（2017 年）基金规模 6 亿元，青海省财政出资 1.5 亿元，待首期基金完成投资 70% 时募集。基金存续期暂定 5 年，其中投资期 3 年，退出期 2 年。基金重点投向青海省内中小企业，扶持省内中小企业的发展。

首期基金募集资金人民币 6 亿元，由青海省财政出资 1.5 亿元（由青海泉汪投资管理有限公司代表出资），撬动社会资本 4.5 亿元。其中：青海泉汪投资管理有限公司出资 15000 万元，出资比例 25%；北京凯邦资本管理有限公司出资 300 万元，出资比例 0.5%；青海诚富创业投资管理有限公司出资 300 万元，出资比例 0.5%；富康发展控股有限公司出资 9400 万元，出资比例 15.67%；格尔木投资控股有限公司出资 25000 万元，出资比例 41.66%；嘉兴民御投资合伙企业出资 10000 万元，出资比例 16.67%。

。

主管部门：青海省财政厅、青海省经济和信息化委员会

管理模式：北京凯邦资本管理有限公司担任基金执行事务合伙人，全面负责基金的日常经营事务，日常经营事务包括但不限于合伙企业注册设立、工商变更、税务处理、资产估值、办理合伙企业资产托管、投资项目考察等。

主要投资领域：基金侧重于投资青海省特色优势产业，包括新能源、新材料、节能环保、生物医药、高端制造、消费品及服务等行业，重点投资青海省内成长型、科技型中小企业。基金通过股权、债权、夹层投资等方式灵活投资相关行业中具有先进技术、独特商业模式和竞争优势的企业。基金投资于单个项目的资金不超过 5000 万元，在项目公司的持股比例原则上不超

过20%。

投资方式：股权投资

投资情况：截至2017年5月30日，基金已完成尽调并通过投委会审查同意投资的企业共4家，分别是青海华信环保科技有限公司（2000万元）、青海久实虫草生物科技有限公司（200万元）、南京普爱医疗设备股份有限公司（3000万元）、北京三元基因药业股份有限公司（300万元），过会企业拟投资总额5500万元。其中已完成投资企业2家，分别是青海久实虫草生物科技有限公司（200万元）和南京普爱医疗设备股份有限公司（1500万元），实际投资总金额1700万元。

投资运行模式：基金设立项目立项委员会、风险控制委员会、投资决策委员会。投资决策委员会为基金的最高决策机构。投资决策委员会由基金管理人和出资人共同组成，席位5个。同时，在投资委员会设观察员席位1个，由青海省财政厅委派代表担任，对可能出现的基金投资比例不符合约定、违反财政部《政府投资基金暂行管理办法》的投资行为等进行监督。基金出资构成中，财政与社会出资比例为1∶3，有效发挥了财政资金杠杆撬动作用。基金对省内中小企业的投资额度不低于实际投资额度的60%，确保了设立中小企业发展基金政策目标的实现。省财政厅委派观察员参加基金投资决策委员会，观察员具有一票否决权，能够对基金未来投资中可能出现的违规违约行为进行有效监督和约束。

基金制定了《青海省中小企业发展基金（有限合伙）投资管理办法》《青海省中小企业发展基金（有限合伙）投资决策委员会工作制度》以及《青海省中小企业发展基金（有限合伙）投资决策委员会议事规则》等，明确约定和规范投资决策委员会的组织和决策程序等。基金管理团队严格按照规定，具体负责投资项目选择、尽职调查、投资方案设计与谈判、项目实施、后期管理等。

（二）成功经验

1. 有效发挥财政资金撬动作用

设立青海省中小企业发展基金，是省财政厅、省经信委认真贯彻落实国家和青海省委、省政府关于优化资源配置，推动结构性改革，提高经济增长质量和效率的具体举措。基金充分发挥了财政资金的杠杆和撬动作用，通过省级财政3亿元出资撬动了9亿元的社会资本，重点支持省内中小企业发展壮大。

2. 创新双GP管理模式

青海省中小企业发展基金是青海省内第一家采用双GP管理的股权投资基金，由北京凯邦资本管理有限公司和青海诚富创业投资管理有限公司担任基金管理人，由北京凯邦资本管理有限公司担任基金执行事务合伙人。青海诚富创业投资管理有限公司具有熟悉青海本地企业、了解本地企业家的优势，而北京凯邦资本管理有限公司具有管理规范、投资团队专业等优势。通过双GP管理模式，充分发挥本土基金管理人和省外基金管理人的优势，在管理架构、对外投资和风险控制等诸多方面取长补短，达到优势互补、合作共赢的目的。

（三）存在的问题

1. 宣传推广力度有待加强

近年来省委省政府对中小微企业发展的支持力度不断加大，部分中小企业形成了“等靠要”的习惯性思维，对股权融资方式认识不够，大多数企业采取观望回避的态度。基金成立后虽然在省财政厅、省经信委和相关部门的支持下举办了多次企业对接会，并开展基金拟投资项目储备工作，但由于省内中小企业思想观念保守，工作效果不理想，导致基金投资工作进展相对缓慢。

2. 中小企业发展水平亟待提高

由于青海省经济基础相对薄弱，省内企业产品研发与技术投入少，产品科技含量低，没有形成有效的技术壁垒；大量企业产品单一，销售渠道不畅，产品积压，企业负债率高，投资风险高。省内大部分中小企业在经营管理尤其是财务管理方面不规范，账务混乱，造成符合投资条件的企业进行财务及法律规范辅导难度较大，辅导期较长，影响了基金的投放进度。

（四）未来发展趋势

下一步，青海省中小企业发展基金将开展以下重点工作。一是对重点跟进企业，达到投资条件的尽快提交投资决策委员会研究，加大基金投资支持力度；对一些基础相对薄弱的企业进行专业辅导，与企业签订《辅导协议》，通过辅导使其规范。二是在省财政、省经信委等相关部门的支持下，多渠道组织中小企业投融资对接洽谈会、基金培训班，通过推介和培训，让企业借私募融资对企业发展的重要性，提高企业的积极性。三是积极参与中小企业公共服务网络平台建设，建立基金与企业的信息对接交流平台，收集和辅导更多的中小企业为基金投资奠定基础。四是争取 2017 年三季度首期基金完成 70% 以上的投资，四季度完成二期基金的设立，充分发挥基金放大带动作用，撬动更多社会资本支持省中小企业发展。

第四章　小微企业双创基地示范城市绩效评估研究

第一节　财政资金绩效评估的内涵、目的和方法

一、财政资金绩效评估的内涵

财政资金绩效评估是科学管理、合理使用政府资金的基本环节和重要依据，是弥补政府资金管理缺陷、提高使用效率的必要手段。双创示范城市绩效评估就是要按照设立“双创示范”的政策意图和要求，借助全面、科学、客观的评估指标体系，量化分析示范城市完成“双创示范”政策意图的程度，识别双创工作中的不足，为总结、推广可操作、可复制的双创发展典型经验提供决策依据。

小微企业双创基地示范城市绩效评估（以下简称“双创示范城市绩效评估”），是财政部会同工业和信息化部、科技部、商务部、工商总局等部门以小微企业双创基地示范专项资金使用、管理和效益为评估对象，对小微企业创业创新基地示范城市开展小微企业双创示范工作综合绩效目标与发展环境优化目标的管理、执行、效果、信息反馈和应用以及专项资金使用、管理和效益等全过程管控的一种有效手段，也是推动小微企业双创工作全面开展的重要抓手。小微企业双创示范城市绩效评估的对象，是指2015年、2016年财政部、工业和信息化部、科技部、商务部和工商总局批准并获得中央财政小微企业创业创新发展专项基金支持的第一、二批全国小微企业创业创新基地示范城市（以下简称“双创示范城市”，包括获得中央财政小微企业创业创新

发展基金支持的非“双创示范城市”），并在财政部、工业和信息化部、科技部、商务部和工商总局的指导和监督下承担双创示范城市绩效评估的主体责任。按照财政部关于《小微企业创业创新基地城市示范工作绩效管理暂行办法》（财建〔2017〕746号）的要求，小微企业小微企业双创示范城市绩效评估的内容主要评估双创示范城市绩效目标管理、执行监控和实现效果以及双创专项资金的预算管理、经济效益和效率等。双创示范城市绩效评估的绩效目标管理主要是指批复绩效目标、数据信息采集、统计监测口径标准等所采取的一系列措施和方法。双创示范城市绩效评估的绩效目标执行监控则是指国家财政部会同工业和信息化部、科技部、商务部和工商总局等部门定期对双创示范城市绩效批复目标的实现情况、城市创业创新环境优惠政策落实举措及实施效果、双创信息采集与报送、组织保障等信息进行汇总分析，跟踪审计城市双创示范实践中的财政资金使用、项目管理、业务推进中的薄弱环节，及时弥补专项资金的管理漏洞，总结可复制、可推广的典型经验，纠偏扬长，增强创业创新动能，助力小微企业健康快速发展。

双创示范城市绩效评估的内容涵盖示范城市推动小微企业创业创新发展的全过程及其取得的示范效果，主要包括城市小微企业创业创新发展的结果性综合绩效目标和深入优化城市小微企业创业创新环境的过程性专项绩效目标。其中：结果性综合绩效目标是指财政部等五部委就创业、就业和创新所批复的绩效目标实现的结果；过程性专项绩效目标则是指示范城市在创业创新空间载体建设、公共服务供给、融资支持、税费减免和体制机制创新以及专项资金管理、使用和取得的经济与社会效益等方面的承诺事项、措施、实施效果及企业满意度，以体现相关性、客观性、重要性和可操作性原则。省级财政部门会同工信、科技、商务、工商等部门并牵头组织双创示范绩效评估工作，以专项资金为主线，按照“双创示范”设立的政策意图和要求，从双创示范工作的经济性、效率性、效益性进行投入—产出分析。

二、财政资金绩效评估的目的

英国学者格雷厄姆将财政资金绩效评估的目的归纳为以下四个方面，即协助决策者科学决策、判断资金使用合理性、寻求资金使用改进建议、识别资金使用效果的优劣。美国专家约翰·伊凡斯维奇认为，财政资金使用绩效评估可以有效地反馈资金使用效果及其对实现既定政策目标的相对贡献、甄选资金使用单位的工作效能、判断是否安排专项资金的必要性和拟定专项资金预算安排标准等，进而为专项资金预算编制及相关政策目标设定等提供可靠的信息支撑。我国财政资金绩效评估的目的是财政部门通过委托独立的第三方专业评估机构按照既定的政策意图和要求，科学设立评估指标体系，量化分析执行绩效信息，客观判断资金使用效果，帮助识别工作中的失误和不足，促进资金使用效率提升。双创示范城市绩效评估的根本目的就是要判断示范城市“双创示范”工作是否到达政策意图和要求，科学诊断城市双创发展环境优化程度，推动双创示范工作扎实推进，提高财政资金使用效率，增强政策实施效果。

双创除了完成承诺示范目标以外，示范城市之间也要相互交流、相互学习、相互提高的行为。根据周边绩效理论，双创示范城市绩效评价也应涉及有关示范工作推进的“人”“事”“资金”及相互协作等行为表现的讨论。通过评价这些行为表现，双创城市绩效评价可以理顺示范城市相关部门之间的工作关系，增强示范工作协调性，减少摩擦，帮助示范城市排除阻碍绩效的因素，提高示范成效。在示范工作推进过程中，人事、税务、编办等城市相关部门对示范工作绩效的直接贡献本身并不显著，而他们的行为表现对激发创业创新要素的活力和动力具有重要作用，可以有效地提高示范工作绩效。从示范绩效评估的角度，这些部门的工作绩效也许并不突出，但其行为表现的周边绩效很优秀，从而可以导致整个城市示范工作绩效的显著改善。双创示范城市绩效评估应基于示范工作的客观性即城市推进双创工作所采取的措施、实施的示范项目、支付的预算资金及其过程的风险控制等事实基础，要始终坚持以实际发生的事件或行为表现为线索，以客观绩效衡量示范结果。同时，双创城市绩效评价应赋予示范城市以充分的解释权，帮助评估者理解有关示范事项“为什么是这样或不这样发生”。

双创示范城市绩效评估的目的是通过客观态度分析城市双创示范工作的成功经验或失败的原因，并以此为基础总结和保持一个较高的双创示范绩效标准，避免潜在的不规范、不合规、无效率问题发生。双创示范城市绩效评估的目的不是“批评”，而是要客观真实地记录双创示范工作相关的事件或行为表现，及时反馈评估信息，展望未来正确的工作方向，进而形成一个客观、可衡量、一致的示范目标和行动计划。

三、财政资金绩效评估的方法

财政资金绩效评估是目标设定和规范行为的过程，是借助一定的评估方法、量化指标体系和评价标准，以资金预算、拨付、使用和决算为线索，客观、公正地评估政府部门依据其职能设定绩效目标的实现程度及其预算资金执行结果。确定科学的评估方法在双创示范城市绩效评估的一个重要环节，是科学评估财政资金绩效的基础。根据现行绩效评估理论，目前比较流行的财政资金绩效评估主要有图形等级量表法、折叠交替排序法、折叠配对比较法、折叠关键事件法和折叠锚定评价法等几种常用的评估方法。

所谓的图形等级量表法，就是通过运用最简单、最普遍的绩效评价技术、图形等量表方法列举被评估对象诸如就业人数、授权专利数、营业收入、技术成交额等主要绩效特征要素，并分别针对各个绩效特征要素从0—5列举取值范围，最终根据综合得分进行排名。折叠交替排序法也是目前最为流行的财政专项绩效评估方法之一，是根据某一种或多种关键特征要素对被评估对象进行排序，并按照最佳、最差、次优和次差四个等级进行综合排序。折叠配对比较法是旨在追求排序更加准确的一种财政专项资金绩效评价方法，即按照营业收入、就业人数、授权专利数、技术成交额等每一种具体绩效评价要素对示范城市进行等级排序，进而配对比较各示范城市绩效的优劣。折叠关键事件法则由双创示范城市主管部门按照每年各地在推动双创示范工作中的关键性行为事件一一记录（包括好的和不好的），最终由各个主管部门和专家共同会商其绩效水平，其优点是关键行为事件客观真实、便于及时查找不足或形成经典案例进行推广和复制。折叠锚定评价法，又称行为锚定等级评价法，是借助于一些特定的绩效优良或绩效较差的描述性行为事件进行量化解释或锚定，即采用了描述性关键行为事件+量化等级排序的评估方法。

第二节　小微双创基地示范城市绩效评估的内容

根据国家财政部、工业和信息化部、科技部、工商总局和商务部关于

“小微企业创业创新基地城市示范”专项的设定目标即“营造好的政策和制度环境，以城市为载体，重点强化对创业创新服务能力的支持，集聚创业创新资源要素，提升对小微企业创业创新的全方位服务支撑能力”①，结合中央财政专项资金绩效评估理论和实践，本文关于小微企业创业创新基地示范城市绩效评估采用层次分析法，即通过构建三层评价指标体系②对示范城市绩效进行全方位评估。

一、基于综合绩效评估指标的选取

当前，小微企业创业创新基地城市示范项目在中央财政专项支持资金的分配上没有考虑不同城市之间的差异，存在一定“平均主义”分配倾向。部分示范城市存在示范项目不足与财政支持资金过多的矛盾，导致中央财政支持资金支付进度缓慢与资金不足并存，一定程度上制约了财政资金带动效率的发挥，亟须进一步创新小微企业双创城市示范财政专项资金的分配方式，提高财政专项资金的支持效率。一是中央财政专项资金分配要积极考虑示范城市创业创新实际，充分重视创业创新要素禀赋、任务紧迫性和项目供给等因素，实现财政专项资金供给与项目需求之间的紧密联系。二是中央财政专项资金分配应采侧重于绩效奖励，加大对双创示范效果突出城市的奖励支持力度。三是中央财政专项资金的分配要综合考量示范城市创新承载能力的改善，要突出创新示范性和带动作用的发挥。按照上述三点考虑，本文将小微企业双创基地示范城市综合绩效评估指标设定为小微企业创业指标、创新指标和就业指标。

二、基于环境优化评估指标的选取

当前，小微企业创业创新基地城市示范项目在小微企业创业创新发展环境优化的考核主要基于示范城市在贯彻落实商事制度改革、科研成果激励、税费减免、融资支持等相关国家部门政策效果，而没有考虑示范城市在上述

① 余健：《小微企业双创基地城市示范建设中央财政投入达 214.7 亿元》，《中华工商时报》2017 年 12 月 29 日，http://finance.china.com.cn/roll/20171229/4490187.shtml。

② 李苗、崔军：《中央财政专项扶贫资金绩效评价指标体系构建》，人民网，2017 年 11 月 2 日。

方面所做的突破性或尝试性改革举措，未能真正契合双创示范根本属性，可能会导致双创基地示范项目实施脱离政策设计初衷。因此，中央财政专项资金分配、绩效评估和考核等亟须在体制机制创新方面加大对示范城市的突破性举措的考核，尤其是在增强动力、激发活力的科技创新激励机制等方面加大考核比重，突出指引示范城市主动地进行创新性突破而不是按部就班地贯彻落实中央政策指令。基于这点思考，本文将小微企业双创基地示范城市环境优化评估指标设定为创业创新空间发展指标、公共服务效果指标、税费减免效果指标、融资支持效果指标、财政资金投入效率指标和体制机制创新指标。

三、基于附加奖励评估指标的选取

当前，小微企业创业创新基地城市示范项目在城市示范效果附加奖励的考核主要基于示范城市小微企业满意度、示范经验可复制性、信息报送管理、双创组织保障等方面。这些方面尽管对提升示范城市创业创新能力没有直接效果，但对推动双创示范工作有序、高效开展提供了坚实保障，小微企业双创基地示范城市绩效评估的有机组成部分，因此也应纳入小微企业双创基地示范城市绩效评估体系之中，而不是作为体系的补充。因此，中央财政专项资金分配、绩效评估和考核等则要重视对示范城市小微企业满意度、示范经验可复制性、信息报送管理、双创组织保障等方面的考核。基于这点思考，本文将小微企业双创基地示范城市附加奖励评估指标设定为小微企业满意度指标、示范经验可复制性指标、信息报送管理及时性指标和双创工作组织保障完善性指标。

四、绩效评价指标赋权过程及结果

根据上文对绩效评估指标的选取，本文构建了一个由 3 个一级指标、13 个二级指标和 29 个三级指标构成的小微企业双创基地示范城市评估指标体系。从体系结构看，各评估维度的评价指标之间呈现递阶层次结构关系，适用结构层次分析法（AHP）的赋权方法。

（一）建立专家可信度约束性评价。由于知识结构、研究领域等各不相同，不同专家对小微企业双创基地城市示范绩效评估指标体系的认知不尽相同，因而需要对不同专家的不同可信度进行有效约束，即从学历层次、研究领域相关度、实践经验相关度和评审自信度对不同专家的可信度进行客观衡量以期提高专家打分的精准度。

（二）构建指标层级间判断矩阵。按照 Saaty1—9 标度法，每位评估专家按照重要程度赋值逐层两两比对每个指标层级间各元素的重要性。例如，第 n 位专家对一级指标层进行两两比较重要性并赋值，进而得出第 n 个有关一级评估指标的判断矩阵。类似地，第 n 位专家也可以每一级指标层内各评估指标之间进行两两比较重要性并赋值，从而得出各个评估指标层独立的判断矩阵。

（三）基于专家可信度评价的指标权重。按照层次分析法的要求，每位专家要借助和积法来确定各个指标层判断矩阵的特征向量，赋予下层评估指标对上一层评估指标的相对重要程度，并得出各评估指标层级的最终权重。必须注意的是，专家们的赋权一定要符合一致性检验要求即一致性检验系数 CI <0.01，否则赋权不能通过。专家赋权一旦获得一次性检验通过，就需要对不同专家的可信度分值进行归一化处理，进而得出其可信度权重。其次，将各位专家的指标权重和其可信度比重进行加权求和，即可确定每一个具体评估指标的绩效权重。最后，小微企业双创基地示范城市评估绩效则可以通过各项具体评估指标的得分值与其权重加权求和得到。

第三节　小微双创基地示范城市绩效评估实践

一、小微企业统计监测工作现状

小微企业界定标准不一，条块分割现象比较突出。小微企业面大量广，分布于国民经济各个领域，涵盖所有行业，为经济社会发展发挥重要作用。小微企业工作几乎涉及政府所有职能部门，事关国计民生，也是各级政府依法施策的重点。目前，工信、税务、科技、统计等涉企部门都制定了小微企业界定标准，但在涵盖范围、认证门槛、行业分布、关注重点等存在较大差异，对地方推进小微企业双创工作的指导性不强。例如，工信部从行业分布、营业收入、从业人员、资产总额四个维度界定小微企业，16个行业分别按不同的营业收入、资产总额和从业人员做出了详细而全面规定，但因太全面和复杂而导致在实践上操作性不强。2017年，财政部和税务总局虽然从行业分布、从业人数、资产总额的角度对小型微利企业进行了界定，但更加关注"年应税所得额"，且行业划分更加简化。科技部则对科技型小微企业从职工人数、年销售收入、资产总额进行了认定，但更加突出"高新技术""自主研发"和"技术转化"考核。统计局则从主营业务收入在统计口径上对工业和商业规模以上企业进行了界定，但并没有明确小微企业的划型标准，也没有针对小微企业创业创新特性做出专门统计。

表4－1　有关涉企部门小微企业界定标准

	工信部	财政部、国税总局	科技部	统计局
文号	工信部联企业〔2011〕300号	财税〔2017〕43号		
认定标准	农、林、牧、渔业营业收入500万元以下；工业从业人员300人以下、营业收入2000万元以下；建筑业营业收入6000万元以下且资产总额5000万元以下；批发业从业人员20人以下且营业收入5000万元及以下；零售业从业人员50人以下，且营业收入500万元以下；交通运输业从业人员300人以下且营业收入3000万元以下；仓储业从业人员100人以下且营业收入1000万元以下；邮政业从业人员300人以下且营业收入2000万元以下；住宿业从业人员100人以下且营业收入2000万元以下；餐饮业从业人员100人以下且营业收入2000万元以下；信息传输业从业人员100人以下且营业收入1000万元以下；软件和信息技术服务业从业人员100人以下且营业收入1000万元以下；房地产开发经营：营业收入1000万元以下且资产总额5000万元以下；物业管理从业人员300人以下且营业收入1000万元以下；租赁和商务服务业从业人员100人以下且资产总额8000万元以下；其他行业从业人员100人以下。	工业企业年度应纳税所得额不超过50万元，从业人数不超过100人，资产总额不超过3000万元；其他企业，年度应纳税所得额不超过50万元，从业人数不超过80人，资产总额不超过1000万元。	突出"高新技术""自主研发""技术转化"，且职工总数不超过500人、年销售收入不超过2亿元、资产总额不超过2亿元；	规模以上工业企业：年主营业务收入在2000万元及以上。 规模以上商业企业：年商品销售额在2000万元及以上的批发业企业和年商品销售额在500万元及以上的零售业企业。

小微企业统计法律缺失，统计监测工作难以开展。2017 年 4 月，国务院第 168 次常务会议通过了《中华人民共和国统计法实施条例》，对统计调查项目、组织实施、统计机构、统计人员等进行了严格规定，赋予各级人民政府统计机构为唯一法定的统计部门和组织实施者，但并没有将小微企业统计监测纳入法定调查事项，致使小微企业统计并没有付诸实践。而作为小微企业主管部门的工信部门因没有组织实施小微企业统计监测工作的合法授权，而导致开展小微企业统计监测工作缺乏合法性和权威性，小微企业统计监测在实践上也无从谈起。

二、小微企业双创示范城市绩效评估面临的主要问题

现行监测指标与双创目标差异较大，难以反映实际双创效果。目前，小微企业相关监测指标散布于人社、科技、工商等主要职能部门，监测指标的设计主要依据相关部门的职能定位，并没有考虑双创的特征，进而不可能完全反映双创整体绩效。比如，人社部门监测就业人数仅限于户籍城镇人口，作为反映双创绩效重要指标的小微企业就业人数则要统计所有口径人口的就业情况，既包括户籍人口也包括非户籍人口；科技部门监测技术成果成交额指标目前仅统计全口径销售额，并不包含双创要求的小微企业技术合同购买额；税务部门监测小微企业营业收入监测口径也仅限小型微利企业，与工信部门小微企业存在较大差异。

统计口径差异较大，综合绩效数据难以获取。目前，第一批双创城市建设已经到了收官阶段，双创示范城市绩效评估工作迫在眉睫。财政部于 2016 年尽管下发双创示范城市绩效评估征求意见稿，明确了评估指标和统计口径，但没有考虑示范城市现行监测指标与评估指标的统计口径有较大的差异。事实上，示范城市能提供的数据仅仅是全口径的人社部门新增户籍人口就业数、科技部门技术成果销售额和税务部门小型微利企业营业收入。显然，这些数据较双创城市建设按照工信部有关小微企业划型标准进行统计的初衷存在较大差距。若据此对示范城市进行双创绩效评估势必很难提供评估要求的真实数据，更谈不上客观反映双创整体绩效了，也会影响进一步深入推进双创发展的政策支持。

统计责权匹配错位，监测数据客观独立性差。双创城市建设明确提出遵照工信部有关小微企业的界定，但肩负统计法定职能部门是各级人民政府统计部门，而不是主管小微企业工作的工信部门。一方面，工信部门开展小微企业创业创新工作急需大量客观、准确、真实的基础统计数据，却因没有法律授权而无法组织实施小微企业统计监测，得不到客观、准确、真实的基础，势必会导致制定的小微企业政策可能失去了可靠依据，从而影响政策实施效果。另一方面，人社、科技、工商、税务等行业职能部门尽管在各自领域具有不可替代的专业权威，但因其对小微企业工作并不熟悉，加之小微企业界定较为复杂、部门利益攸关等原因，监测数据很难保证客观独立性，势必会影响双创示范城市的示范效应。

统计指标权重设计不合理，不利于积累可复制示范经验。双创示范城市评估指标设计分为综合类指标和环境优化类指标，考虑了对双创示范城市建设过程和结果的全面考核，但双创评估指标的权重设计存在一种“重过程轻结果”的倾向。根据财政部等《关于小微企业创业创新基地城市示范工作绩效管理暂行办法》规定，“双创示范城市绩效评价得分 = 绩效目标得分 ×30% + 环境优化评价得分 ×70%”，即“绩效目标”指标仅占 30%、“环境优化评价”指标占 70%。也就是说，“城市双创环境优化”在“双创示范”占有绝对重要的地位，是示范工作的重中之重，但是体现城市双创环境优化的许多指标难以量化，甚至是难以开展示范性创新。比如，对于“商事制度改革”“科技成果转化”“贸易便利化”“投融资机制”等体制机制创新内容，示范城市实际上只是落实上级部门的政策，并没有多大的创新空间，不能反映小微企业创业创新突出困难，也很难积累示范经验。双创示范城市绩效评估加大体制机制改革等环境优化类指标评估比重，势必会影响双创成效，不利于双创的深入推进。

三、政策建议

统一小微企业界定标准，进一步增强小微企业认定的可操作性。充分发挥“国务院促进中小企业领导小组”的作用，由工信部门牵头，组织科技、税务、财政、统计、工商等涉企部门制定统一的小微企业界定标准，简化认证条件，聚焦共性特征，引导小微企业吸纳就业、专注主业和可持续发展，便于反映融资难、人才缺、负担重等突出问题，切实提高小微企业认证的操作性。

建立健全法律法规体系，促进小微企业统计监测工作的合法性。推动修改现行统计法律法规，将小微企业统计监测纳入法定调查事项，明确工信、统计部门小微企业统计职责，切实解决小微企业统计监测面临的法律缺位问题。建立健全小微企业统计数据定期发布制度，由统计部门按照月度、季度、年度发布小微企业统计数据，为研究、制定小微企业支持政策提供坚实、可靠的依据，推动小微企业工作科学、有序发展。

研究构建统计指标体系，推动小微企业统计监测工作的科学性。小微企业主管部门牵头设立小微企业统计监测研究课题组，充分考虑小微企业经济和社会贡献以及表现经营行为主要指标，从吸纳就业、投融资状况、创新投入与产出、缴纳税费等方面构建科学的统计监测体系，推动小微企业统计监测工作科学化发展。

第五章　大中小企业融通发展研究

在我国，大企业通常具有优势地位，掌握较多资源，但在新一轮科技革命和产业变革中，进行产业结构调整，推动经济高质量增长，并不能只依靠大企业。中小企业占到我国企业总数的99%以上，在“大众创业、万众创新”的大背景下，创新活力不断激发，在国民经济发展中发挥着日益重要的作用。因此，加强大中小企业协作，实现融通发展，才是推动我国经济发展的最佳路径，也是让市场在资源配置中发挥决定性作用的重要举措。

李克强总理于2017年5月17日在国务院常务会议上指出，“《中国制造2025》绝对不是光指大企业，制定相关方案和支持措施时千万不要只瞄准大企业，对中小企业要予以充分支持，促进大中小企业融通发展。”苗圩部长也在《制造强国和网络强国建设迈出坚实步伐——党的十八大以来我国工业和信息化发展新成就》中提出，“通过各方面积极努力，我国中小微企业活力不断迸发，大中小企业融通发展格局加速形成”。

第一节　大中小企业融通发展格局初步形成

一、促进大中小企业融通发展取得积极进展

一是引导中小企业“专精特新”发展，为大中小企业融通发展提供抓手。自工信部2013年7月16日印发《关于促进中小企业“专精特新”发展的指导意见》以来，各省、区、市通过制定评价标准，开展专项行动等措施，鼓励本地中小企业采用新技术、新工艺、新设备、新材料，引导其走“专精特新”发展之路。截至2016年，各省、区、市共认定的“专精特新”中小企业

累计达到14000多家。这些“专精特新”中小企业在围绕大型企业进行配套生产，深化与大企业产业链合作方面成效显著，推动了大中小企业融通发展。

二是持续深入推进“两化融合”，为大中小企业融通发展奠定基础。2016年，中国联通将中小企业专线费用降低35%，惠及680万户中小企业。中国电信鼓励员工内部创业，涉及16万名员工，诞生“小CEO”2.5万名，为大中小企业融通发展提供了经验借鉴。不论是提速降费，还是提供云计算、大数据等方面的基础性、通用性服务，都可以降低中小企业应用新一代信息技术的门槛，提高其竞争力，为其与大企业深入合作、融通发展创造前提。

三是大企业“双创”工作蓬勃开展，为大中小企业融通发展提供支撑。2017年8月14日，工信部发布了《制造业“双创”平台培育三年行动计划》，制造业是“大众创业、万众创新”的主战场，大型制造业企业更是“大众创业、万众创新”的主力军，充分发挥龙头企业的示范牵引作用，是推动大中小企业融通发展的重要途径。据统计，截至2017年6月底，我国制造业骨干企业“双创”平台普及率已达60%，大中小企业融通发展的制造业新生态正在稳步形成。

四是建立产业发展联盟，为大中小企业融通发展创造条件。2017年6月8日，在北京成立了国家工业信息安全产业发展联盟，149家联盟首批成员单位中包括中国电子信息产业集团、中车集团、中国兵装、航空工业、神华集团等18家副理事长单位以及中石化、中核集团、中船重工等45家理事单位。苗圩部长提出，“要将联盟培育成为行业资源整合、对接、推广平台”。产业联盟的成立，为大中小企业深入开展合作、促进融通发展创造了更为有利的条件。

五是拓宽智能制造覆盖范围，为大中小企业融通发展提供新途径。工信部于2017年9月29日公布了2017年智能制造试点示范项目名单，其中中联重科、中兴通讯、宝钢股份等多家上市公司项目入选，这预示着大企业智能制造进入新阶段。下一步，工信部中小局将出台《中小企业智能制造专项行动实施方案》，《方案》指出要推动中小企业智能化技术集成应用，提升面向中小企业的智能化解决方案能力，构建面向中小企业智能化转型的示范服务体系。今后在智能制造领域，对积极向中小企业提供智能制造系统解决方案的大型企业，给予资金奖励，切实推进大中小企业融通发展。

二、大中小企业融通发展新模式不断涌现

一是引导大企业，依托自身资源，与中小企业深化产业链合作。国务院常务会议于2017年7月12日通过了《关于强化实施创新驱动发展战略进一步推进大众创业万众创新深入发展的意见》。《意见》进一步提出了，“引导大型企业开放供应链资源和市场渠道，促进产业链上下游、大中小微企业融通发展”。大企业依托自身资源，与中小企业进行产业链合作，是促进大中小企业融通发展的最直接途径。例如，腾讯通过开放自身平台，吸引超过600万开发者入驻，应用数量超过450万款。

二是支持大企业，打造协同创新平台，优化产业生态服务圈。由行业龙头企业牵头，采取线上、线下相结合方式，建立统一开放的协同创新平台，通过需求对接、资源开放、协同研发、协同生产等方式，打造创新链，培育产业链，提升价值链，带动产业链上下游企业协同创新，逐步形成有利于融通发展的产业生态服务圈。例如，海尔开启“人人创客”模式，搭建“海创汇”协同创新平台，孕育了2000多家创客小微，48%的成活率远高于社会平均水平。

三是鼓励跨界创新，不同类型企业众创互创，充分发挥大企业与中小企业各自的优势。创新模式从独立创新转向众创互创，资源整合从产业链整合走向跨行业、跨界融合互补，是大中小企业融通发展的新模式。例如，腾讯实施“云+合作伙伴”计划，依托腾讯物联云提供大数据处理分析、人工智能等技术，为智能制造、智能家居、智能交通等不同领域提供服务，在这一体系中，不同领域的大企业与中小企业深度融合，大企业资源丰富，中小企业创新能力强、覆盖范围广，二者优势得到充分发挥，融通发展效率得到提升。

第二节　大中小企业融通发展存在的问题及原因

一、融通发展中大企业创新意识不强，带动作用不足

传统“大而全”“小而全”思想依然存在，产业融通、合作共赢的商业

文化尚在形成中，有些大型企业依托规模优势在产业上下游广泛布局，不仅提高了企业的综合成本，而且在一定程度上挤压了产业链上的双创企业，特别是中小微企业的市场空间。有些大企业没有适应数字经济、平台经济带来的深刻变革，在创新方式、组织模式等方面仍因循守旧，对开放、融合、共享的发展模式认识不足。有些大企业更愿意鼓励员工内部创业，希望带来新的增长点，但能够主动开放自身产业链带动中小企业共同发展的大企业却为数不多。由于缺乏激励机制，国有大型企业带动中小企业融通发展的动力不足，有些国有大型企业担心被追责，双创平台对内不对外，不敢向中小企业开放技术、市场等核心资源。

二、融通发展的制度环境和政策体系仍有待优化

促进大中小企业融通发展的制度环境和政策体系优化并不只是工信部门的职责，亟须所有涉企政府部门的高度协同、统筹规划。大中小企业融通发展与条块分割的监督管理体制不相适应，缺乏跨部门、多层级的协调机制，导致相关部门间“政策孤岛”的形成，难以适应融通发展所带来的新业态、新趋势。目前主要存在三个问题：一是融通发展的顶层设计有待进一步完善；二是融通发展的立体化政策体系尚未形成，产业引导等方面的差异化措施的实施力度尚需进一步加码，政策“组合拳”的合力效应发挥得并不充分；三是亟待建立以负面清单、权力清单、责任清单为主体、兜底线、防风险的融通发展管理制度，包容性的发展环境仍需进一步优化。

三、工业互联网平台面临行业壁垒，信息安全亟待关注

在行业壁垒方面，大企业搭建的工业互联网平台应用的大部分场景和行业紧密相关。在某些信息化程度较高的行业中，大企业通常采用具有内部标准的信息系统和管理平台，封闭性较强，互联互通性较差。而某些行业的大企业出于保密等因素的考虑，不愿开放内部信息资源或平台，也不愿采用第三方信息系统，纳入工业互联网平台难度较大。工业互联网平台客观上要求不同行业遵循统一的规范标准，在不涉及信息安全以及行业机密等前提下实现高效的互联互通，所以破除行业壁垒是行业龙头企业搭建工业互联网平台

面临的深层次问题。

在信息安全方面，从平台层面来看，工业互联网的快速发展意味着控制系统将趋于通用化，不同的控制系统相互关联，均采用统一的硬件、软件和协议，但同时这也将增加信息的安全隐患。从产业角度看，虽然我国的相关控制系统已经形成较大规模，但在芯片、总线协议等核心技术方面仍受制于人，拥有高科技含量、自主知识产权的技术和产品较少，工业互联网的发展局限较大。从技术应用角度来讲，随着控制系统相关数据的快速增长，如何进行数据保护，如何促进大数据、云计算等技术的广泛应用，都将面临越来越多的挑战。

四、深耕“专精特新”尚需突破三大瓶颈

一是缺乏统一认定标准。由于缺乏国家层面的“专精特新”中小企业认定标准，为了更有针对性地对“专精特新”中小企业进行扶持，各省、市、自治区、直辖市和计划单列市纷纷出台各自的标准，对“专精特新”中小企业进行认定。调研发现，地方性认定标准存在以下问题：首先，由于各地均是自行制定认定标准，认定标准存在差异，个别省份甚至差异很大，不利于对“专精特新”中小企业进行全国性的统一管理；其次，今后如果出台国家层面的针对“专精特新”中小企业的优惠扶持政策，对于地方政府评出的地方层面的“专精特新”中小企业无法实现有效对接。

二是政策扶持力度不足。中小企业走“专精特新”发展之路，是建设创新型国家的重要抓手。调研中发现，引导政策仍需加力：国家层面的“专精特新”中小企业政策缺失；已出台的地方政策中，资金、补贴等差异较大；对“专精特新”产品的宣传和市场开拓重视仍然不够，方式方法亟待创新。宣传措施多依赖报纸、宣传册等传统手段，对于新一代信息技术应用较少，宣传的传播范围和传播速度均受到制约，缺乏持久的影响力。

三是大企业带动作用发挥不足。德国“工业4.0”十分注重大企业的带动作用。例如，德国的大企业采取举办车间现场的方式，对与之合作的中小企业，有针对性地进行内部培训。在我国，大企业对中小企业带动作用不足。首先，大企业与中小企业的合作意愿较弱，大企业从自身利益出发，更愿意

与具有资金、技术等资源或渠道优势的其他大企业进行合作；其次，缺乏相应的鼓励大企业与中小企业合作的激励手段，如融资、土地、租赁等方面没有相关优惠政策；最后，缺乏沟通机制，对于大企业来说，在哪些方面以及如何与中小企业开展合作，需加强沟通指导。

五、制造业、互联网等企业跨界合作不足

目前来看，我国制造业企业与互联网企业合作较少，合作内容也主要涉及销售、服务等外围环节，在研发环节和生产环节合作不足。一方面，制造业尤其是高端制造业往往技术门槛较高，许多领域的核心技术具有较大的差异性。而传统制造企业常常因为重资产等原因，在未建立成熟模式时不愿轻易开展相关合作。另一方面，不同于低门槛、高利润率的生活服务业部门，制造业往往存在前期投入高、收益回报期长的特点。与用户规模往往达到千万乃至上亿的消费互联网不同，其网络效应往往难以充分发挥，因此互联网企业大多不愿参与其中。此外，互联网企业与制造业企业需求存在不匹配问题。互联网企业往往提供具有通用性特征的服务，但制造业行业之间区别较大，越向研发生产端延伸，多样性越明显。所以出于多方面的考量，以及各方面的限制，互联网企业较难满足制造业企业的实际需求。

六、融通发展受制于自主创新能力不足

科技成果到现实生产力之间的转换能力较弱，是许多国家科技创业创新中存在的一个共性问题，这在我国表现得也尤为突出。我国科研成果转化率不高，远低于发达国家平均水平，在软硬件核心技术等关键领域的自主创新能力相对不足，工业互联网的建设与应用仍处于起步阶段，规模小、功能弱。我国缺少国外类似 GE 等具备整体综合解决方案以及全领域覆盖能力的领军企业，同时也缺乏具备工业技术以及信息技术竞争优势的龙头企业，一方面大企业带动效应不足，另一方面也缺少在细分领域的“小巨人”企业，这都限制了大中小企业融通发展格局的形成。

第三节 促进大中小企业融通发展的政策建议

一、制定激励政策，发挥大企业龙头带动作用，引导产业链中小企业专精特新发展

一是引导中小企业加强品牌建设，全面提升产品质量和服务水平，培育发展新动能。发扬“工匠精神”，鼓励企业采用先进的管理模式，建立从产品研发、生产制造、市场营销到售后服务全流程的质量管理体系，进行精益化管理。

二是鼓励大企业推动品牌管理战略，实施供应链品牌提升计划，借助设计咨询、生产制造、营销培训、售后服务等手段和环节重点培育一批供应链知名企业，提升产业整体品牌价值和市场竞争力。

三是支持产业链中小企业深入运用云计算、物联网、大数据等新一代信息技术手段改造传统的生产、管理、销售以及售后模式，实施精益制造和分布式制造，培育产品和服务的竞争新优势。

二、充分发挥平台网络作用，完善公共服务体系，进一步优化大中小企业融通发展环境

一是鼓励中小企业公共服务平台提高公共服务能力，进一步加强信息的互联互通，提升服务的实效性和针对性，为大中小企业之间的信息互通、业务合作、人才培训等提供“一揽子”解决方案。

二是支持平台网络服务向基层延伸服务，集聚优质资源服务园区和产业集群，加速产业公共技术的宣传和推广应用，增强产品检测服务能力以及相关的配套服务能力，助力大中小企业融通发展。

三是采取政府购买服务、资助、奖励等方式，支持高校、科研院所、大企业上线各类资源，开放基础研发设施以及科研仪器，提供技术支持、商务代理等服务，为中小企业创业创新提供良好的发展环境。

四是充分发挥应收账款融资服务平台、中小企业征信平台等的服务支撑作用，大力发展应收账款抵押融资、供应链融资等符合中小企业特征的融资模式，开发线上线下相结合、产业发展与资金扶持相融合的金融产品，缓解中小企业融资压力。

三、发挥各类平台作用，完善公共服务体系，优化大中小企业融通发展环境

一是充分发挥行业龙头企业的示范引领效应，引导龙头企业将产业链上下游相关的配套中小企业纳入共同的质量管理、标准管理、合作研发管理等，为大中小企业融通发展创造条件。鼓励龙头企业建立开放性共享平台，引导大中小企业产业链、资金链、技术链深度整合，不断提升大中小企业协同制造和协同创新能力。

二是鼓励和引导中小企业与骨干企业开展各种形式的经济技术合作，在企业之间建立稳定的供应、生产、销售等配套协作体系，着力提高企业间的专业化协作水平，完善产业链，打造创新链，提升价值链，深入推动大中小企业融通发展，培育和发展一批成长性好的中小企业。引导龙头企业与高校、科研院所建立产学研用协同创新网络，采取多种形式建立产业集群研发中心、设计中心、工程技术中心等配套设施为中小企业提供技术支持。

三是培育一批以骨干企业为核心的产品协同研发平台，推动产业共性技术研发和推广应用，引导各类资源向集群集聚，提升集群研发能力，推动集群内中小企业创新发展。支持大企业与“专精特新”中小企业联合组建产业联盟、研发联盟等新型合作模式，开展集约化采购、共有品牌开发、商业模式推介、行业标准制定等合作方式，强化产业链整合和供应链管理，打造大中小企业融通发展利益共同体。

四、完善大中小企业知识产权共创、共享机制，为大中小企业融通发展提供制度保障

一是进一步发挥大型信息化服务商在技术、人才、网络和服务方面的优势地位和产业整合能力，积极探索政府扶持、服务商让利、中小企业受益的

信息化服务模式，不断提升新一代信息技术在产品研发、生产、管理、营销和售后等环节的应用水平。

二是鼓励中小企业广泛应用信息技术手段开展研发设计，推广用户参与式的研发设计模式，优化产品分析，缩短产品迭代周期，降低产品研发设计成本，提升产品创新效率，丰富产品结构和性能，提高产品附加值，推动大中小企业协同研发，实现产品设计网络化。

三是引导中小企业推进生产制造流程的柔性化改造，发展个性化定制、网络众包和服务型制造等新型模式，推广致力于服务“智能制造”的信息化集成应用产品和系统解决方案，为中小企业尤其是制造业中小企业生产方式转型升级和智能化改造提供基础支撑。

四是鼓励和引导大型信息化服务商采取以租代建等方式支持中小企业核心业务拓展，覆盖企业生产经营管理链条，全面优化业务流程，推动关键环节的整合与技术改造，提高生产经营效率和管理水平。

五是支持中小企业利用移动互联网、新媒体等信息技术手段发展电子商务，建立覆盖采购、生产和销售的全链条产品品质追溯系统，探索网络营销新模式，细化目标客户群体，致力于精准营销。

五、积极开展国际合作，融入“一带一路”倡议，为大中小企业融通发展拓展空间

一是推动大中小企业全产业链“走出去”。支持大型企业创新商业模式，在全球范围内，尤其是“一带一路”沿线布局，进行全产业链、全生命周期产品输出，一方面扩大“走出去”的范围，提高服务水平和质量，另一方面带动产业链上的大中小企业在国际范围内进行深度融通。

二是引进国外优质资源，服务大中小企业融通发展。加大资金支持，依托中外合作产业园、中外中小企业合作区等载体，立足产业链引进国外先进技术、管理方式、技术人才等资源，促进大中小企业生产全过程、全产业链、产品全生命周期的融通发展。

六、加大人才培养，为大中小企业融通发展提供智力支持

一是借鉴德国经验，龙头企业采取举办车间现场的方式，对与之合作的

中小企业相关人员，针对研发、生产、营销等各个环节在大企业内部进行有针对性的培训，提升融通发展水平。

二是大企业输出管理资源，进驻中小企业进行培训。大企业输出自身专业人才，定期进驻中小企业，讲解相关领域最前沿的专业知识、管理经验，帮助中小企业推进生产制造流程的柔性化改造，为融通发展提供基础支撑。

三是开展培训交流会。由政府或行业龙头企业出面，组织相关大中小企业定期开展融通发展主题经验交流会，促进大企业与中小企业之间的学习、交流和合作，营造融通发展良好氛围。

第六章 培育“隐形冠军”中小企业发展研究

摆脱我国经济运行中“脱实向虚”困境的关键在于做大做强以制造业为代表的实体经济。从国外经验来看，德国之所以能在欧债危机重创之时一枝独秀，正是得益于坚持制造业立国，重视发展“隐形冠军”中小企业。众多“隐形冠军”构成了德国实体经济健康发展的主力，成为德国经济实现“虚实平衡”的有力保障。因此，培育“隐形冠军”既是引导经济“脱虚向实”的重要突破口，也是实现制造强国目标的有效路径。近年来，中国各地政府意识到“隐形冠军”的重要意义，纷纷发文，加大对培育“隐形冠军”的支持力度。然而，从中国实际情况来看，培育“隐形冠军”还存在几大问题，如尚未形成完善的“隐形冠军”企业认定管理体系、管理的部门协调性有待加强等，这些问题亟待突破。

第一节 我国“隐形冠军”企业培育工作情况

我国把具有“隐形冠军”培育潜质、符合“专、精、特、新”特点的企业定义为“专精特新”中小企业，将发展“专精特新”作为培育“隐形冠军”企业的重要抓手，在近年来开展了相关培育工作。各地政府纷纷制定了支持性政策文件和专项行动，并出台了企业认定标准和管理办法。截至目前，全国认定的“专精特新”中小企业超过14000家，涵盖产品4564个，技术58项。各地的扶持做法主要集中在以下方面：

一、设立专项资金，加强财政支持

天津、深圳、辽宁等地通过设立专项资金，充分发挥财政资金杠杆作用，引导和带动更多社会资本支持中小企业发展，并重点资助企业购买提升专业化发展水平的生产设备、软件等。例如，天津市2013—2015年分三批认定368个产品（技术），对其中224个符合条件的产品（技术）利用天津市中小企业发展专项资金给予9100余万元的资金扶持。深圳市自2012年开始设立扶持资金，重点资助小微企业提升专业化发展水平的新增生产设备、软件等支出，每年提供最高不超过20万元的补助。

二、强化队伍建设，培养领军人才

各地通过开展“产业紧缺人才培训计划”“领军人才”等培训工程，为企业发展提供人才保障。例如，上海市组织优秀的企业家赴德国亚琛工业大学和美国斯坦福大学学习，实地考察“隐形冠军”企业和创新型企业，拓展国际视野和战略眼光。同时支持企业家申报“上海市领军人才”计划，发展党外优秀人士，帮助企业家解决人才落户、职称评定等难题。湖南省与北大、清华联合，每年组织一期“北京大学湖南省中小企业高级工商管理研修班”和“清华大学湖南省重点民营及中小企业家领导力提升高级研修班”，培养高级管理人才。

三、拓展融资渠道，提升服务水平

地方政府通过与银行开展增信合作、进行上市辅导培训、成立转贷基金等方式，为企业融资提供支持。例如，青岛市与14家银行合作建立了政府增信、最具融资价值和政府采购贷三类优惠贷款平台，对于符合条件的中小企业给予融资支持。安徽省经信委联合省金融办，建立了全省中小企业直接融资后备资源库，指导和帮助企业确定直接融资方案，提高中小企业直接融资水平。

四、加大宣传推广，组织市场开拓

广西、甘肃等地纷纷开展各项活动，如通过组织企业参加中博会、APEC技术交流会等经验交流活动，助力企业开拓国内外市场。上海、黑龙江等地充分利用主流媒体、网站等渠道，集中专题宣传“专精特新”中小企业及其产品，帮助企业争创名牌产品和著名商标。

第二节　我国“隐形冠军”企业培育现存的三大问题

一、对“隐形冠军”企业培育重视度有待进一步加强

一方面，各省市从设立专项资金、扩展融资渠道、培养人才等方面开展了“隐形冠军”企业培育工作，但仍有地区尚未意识到培育“隐形冠军”企业的重要意义，并未将其列入重点工作；另一方面，我国对中小企业的政策扶持长期受到“保底”观念的影响，出台了大量普惠性政策保障所有中小企业的生存权，针对“隐形冠军”领军企业的国家级特殊优惠政策至今依然缺失，这不利于创新能力强的企业进一步发展壮大，发挥示范引领作用，提升国际竞争力。在当今建设制造强国，推动“中国制造”向“中国质造”与“中国智造”迈进的时代要求下，需要调整中小企业扶持工作思路，加大“扶优助强”力度，实现“保底”与“拔尖”并重。

二、尚未形成完善的“隐形冠军”企业认定管理体系

一是缺乏统一的认定标准，无法进行统一管理。目前我国尚没有“隐形冠军”企业的统一认定标准，各地虽然为培育“隐形冠军”企业出台了“专精特新”中小企业管理办法，但各地标准不一，无法实现全国性的统一管理。二是评定指标难以全面反映企业情况，指标有待改进。以往的认定工作中，评价指标过于依赖定量指标，对于企业管理措施和管理成效的测量，因缺乏匹配的定量指标而缺乏评估，建议可设计定性指标进行测量。三是指标存在改进空间，对于企业海外市场拓展能力、企业竞争地位、供应商情况等缺乏评估。四是对“隐形冠军”领军企业的宣传力度不够。在借助报纸、宣传册等传统手段的基础上，方式方法亟待创新，可考虑增加微信、微博等新媒体宣传渠道。

三、管理的部门协调性有待加强

目前我国的“隐形冠军”企业培育工作是在工信部指导下，由各地经信委、中小企业局具体执行。由于部门之间的协调机制尚未建立，扶持政策多数由各地经信委单方制定，导致政策分散，不能系统性地解决企业培育所需的财税、知识产权保护、人才队伍建设等一系列问题。此外，国家与地方管理部门的纵向协调不足，缺乏常态化的业务指导，导致地方各自为战，资金、补贴差异较大，无法有效实现信息交换、资源共享。

第三节　我国“隐形冠军”企业培育的四个难点

一、企业战略难以保持专注与坚持

难以做到专注与坚守是我国中小企业成长为“隐形冠军”的一大障碍。我国很多中小企业缺乏长期战略，揽到什么活就做什么，盲目的多元化发展导致一些企业走向衰落。尤其在经营困难时，一些企业倾向于采取“追逐风潮、投机炒作”的短期策略，投入大量资金、人力到炒房、炒股等行业。这种“弄潮儿”式的经营方式使原有的主业技能荒废，而新进入行业往往并没有带来预期利益，导致企业陷入新一轮的经营困境。

二、质量管理体系有待完善

一是质量管理意识薄弱。大部分中小企业存在重生产、轻质量现象，质量管理只是被动反应，并不是为了解决企业内部问题而进行主动改进。二是质量管理体系不完善，管理方法落后。大量中小企业尚未建立完善的品质控制体系，有些企业虽然导入了质量管理体系，也只是做做表面文章。此外，许多企业的产品质量控制还处于初期阶段，并未采用六西格玛管理、卓越绩效管理等先进的质量管理方法和工具，质量管理的信息化应用程度也落后于时代要求。三是质量标准存在误区，质量体系认证效果不显著。许多中小企业在质量体系认证推行过程中经常出现应付审核、只为发证现象，“有标不依，无标生产”的现象也时有发生。

三、技术创新水平较低

一是创新投入意愿不高，创新模式落后。《2016中国企业家成长与发展专题调查报告》中对全国2526家企业的调查表明，中小企业创新投入意愿指数（67.17分）明显低于大企业（74.21分）。从企业计划未来一年的新产品开发方式来看，选择全部依赖内部研发的比例为25.45%。二是创新人才缺乏。我国绝大多数科技人员集中于大企业，中小企业普遍缺乏技术型、研发型人才，特别是大量缺乏中层研发人员。三是创新资金来源单一。大量中小企业资本社会化程度较低且总量较小，且存在融资难、融资贵的问题，难以应对创新成本高、回收期长等风险。四是信息不畅。中小企业获取信息途径较少且时效不高，缺乏充足的科技和市场信息，这直接影响着创新发展。

四、国际市场开拓力度不够

一是经营理念滞后、国际营销意识薄弱。许多中小企业不够重视国外市场，国内外市场投入不均，企业销售主要依赖于国内市场。二是产品国际竞争力弱。大量中小企业经营的是低附加值的劳动或资本密集型产品，科技含量较低，在国际贸易中往往采取价格战，欠缺竞争优势。三是跨国经营能力较弱。由于缺乏熟悉国际市场规律和国际贸易法则的高素质经营管理人才，中小企业的跨国管理经验不足，难以建立自己的国际化营销模式，形成稳定的消费群体。

第四节　国外“隐形冠军”中小企业培育经验

一、德国“隐形冠军”企业培育经验

德国是“隐形冠军”数量最多的国家。根据“隐形冠军之父”——德国

著名管理大师赫尔曼·西蒙的调研，世界范围内“隐形冠军”的数量为2734家，其中德国就有1307家，占47.8%。多数“隐形冠军”为“科技领先者”，常年保持高强度的研发投入和创新水平。德国不少专利正是来源于“隐形冠军”主导的行业，例如测量技术、医疗技术、机械零件等。此外，“隐形冠军”是德国实体经济保持国际竞争力的源泉。德国强劲的出口实力依赖于以“隐形冠军”为主的中小企业，约贡献了60%—70%的出口量，并长期占据世界市场领导者地位（平均22年）。德国政府在培育“隐形冠军”方面的以下经验可供借鉴。

第一，推行严格的质量标准管理制度，重塑“德国制造”品牌形象。历史上德国制造业曾一度被人诟病，英国政府1887年规定，所有德国产品都要标上“MADE IN GERMANY”的字样，以示和英国产品的区别。但随后100多年间，德国政府通过制定严格的质量标准制度并建立一系列标准化协会以提升“德国制造”的品质。早在1914年，德国开展的关于工业生产“标准化”的争论就逐渐获得认可，确立了“产品品质”不因经济利益而动摇的原则。1917年，又设立了标准化协会（DIN），开创了第三方产品认证制度，对合格的产品发给“DIN检验和检查标志”证书。如今，德国以大约有30万个行业协会和联合会组织对制造业进行指导、监督，这些标准协会每年发布上千个行业标准，约90%的标准可以被欧洲及世界各国采用。这些标准颁布后，企业必须严格执行，并通过法律来保障效力，对产品质量不合格的产品由消费者举证后企业将受到严厉处罚。德国的质量标准体系为“德国制造”品牌形象重塑带来了持续、积极的影响，“德国制造”如今已成为优质、耐用和信誉保证的代名词

第二，进行项目资助并设立创新基金，鼓励中小企业创新。一方面，德国政府推出了一系列创新计划，增强中小企业创新能力。例如，联邦政府推出了“中小企业专利行动”资金补贴项目，提高中小企业在创新过程中使用专利和科技数据库的意识及能力，并在获得专利后尽快实现产品市场化。联邦教研部实施了“中小企业创新项目”计划，资助中小企业在信息通信技术、纳米技术、光学技术等领域的科技创造。联邦经济技术部推出了“中小企业创新核心”计划，对中小企业产品开发或生产工艺创新进行资助，同时增强中小企业之间或企业与研究机构之间的合作，推动技术知识的商业转化。另

一方面，德国政府也设立了创新基金，用来缓解中小企业自有研发资金不足的问题。例如，联邦经济技术部、复兴信贷银行和知名企业成立了高科技创业基金，为处于种子期的年轻科技型中小企业提供风险投资。推出的“EPR创新计划”中，可以向申请者提供500万欧元、偿还时限长达10年的研发贷款支持，用来促进新产品研发和市场推广等。

第三，成立专业化的科研服务机构，促进产学研合作。德国政府资助了许多公益性的、非营利性科研服务机构，以马普学会、弗劳恩霍夫协会、亥姆霍兹国家研究中心联合会和莱布尼茨科学联合会四大机构为代表，这些机构是科研与市场的纽带，成为中小企业重要的创新伙伴。以与产业联系最为紧密、互动最为频繁的弗劳恩霍夫协会为例，其采用了“合同科研”方式，与企业或者政府签订科研外包合同，针对中小企业创新的不同环节，即从创意阶段到样品的设计与开发、试生产、批量生产及进入市场的各个阶段，帮助客户研发商业成熟性的产品和工艺，力求为客户找到个性化解决方案。具体包括：开发新产品和服务、改进产品、优化现有流程和组织结构、产品开发到短期生产的实施、市场分析和可行性报告、新技术的整合应用、认证鉴定等。通过这种方式，中小企业得到了物美价廉的专业服务，协会则通过合同研发的机制既解决了运作的费用，又促进了研究水平的提高。

第四，强化产业集群作用，推动大中小企业融通发展。德国政府并不直接挑选产业集群资助对象，而是通过竞争的方式使具有成长性的或已崭露头角的集群脱颖而出。考虑到新兴产业的培育周期较长，国家对产业集群的资助具有持续性。德国的产业集群并没有区域的限制，其可能分布在一个州内，也可能由跨州的研究所、大学机构和企业组成，甚至可能由某个行业协会或者研究机构分散全球的分支部门组成。这些集群以具体项目为导向，设定明确的阶段性目标和最终目的，各个参与者依据自己所长在产业链条上发挥作用。企业可以选择与研究所共同研究，或者是雇佣研究所的工程师来做研发，甚至是把研发任务外包给研究所。这样形成了一个从发明到实现最终产品化的整体链条，同时也可以更有效率地使用资金。德国的产业集群构成了创新聚集带，这种复杂的协作网络，使得公司可以与供应商、消费者、大学、研究中心、职业学校，甚至是竞争对手一起工作，提供知识、信息的共享，既包括消费者、供应商与企业之间的纵向信息共享，也包括处于产业链同一环节的企业之间的横向信息共享，尤其初创的小型公司可以在集群中分享科研成果及社会资源，享受知识溢出效应。此外，产业集群内部激烈的竞争环境也有利于“隐形冠军”企业保持活力。这种竞争压力下推动的不断创新是企业保持长期竞争力的重要因素。

第五，建设完备的教育培训体系，为“隐形冠军”提供充足人才。一方面，完备的高等教育体系显著提高了德国劳动力素质并带来了积极的长期效应。德国是最重视教育和人才培养的国家之一，18 世纪末就规定了人人必须接受教育的原则，19 世纪 50 年代就基本消除了文盲。目前，德国政府建立了比较完备的多层次高等教育体系，主要包括专科学院、工业技术大学、应用科技大学和研究型大学。其中，专科学院主要培养工程实用性人才，工业技术大学和应用科技大学更重视知识体系培养，研究型大学则主要培养研究型人才。这种差异化的培养体系有力保障了“隐形冠军”企业发展所需的多层次人才。另一方面，独特的“双元制”职业教育体系提升了德国技术工人的素质水平。“双元制”教育模式将课堂教学和企业实践密切结合，以企业需求为导向，核心任务是“职业能力”培养。85%参加“双元制”学习的学生在毕业后会进入中小企业，这成为了“隐形冠军”获取技术人才的重要渠道。

二、日本经济产业省 GNT100 企业评选及培育经验

在日本，与“隐形冠军”企业类似的是“国际利基领军企业”（Global Niche Top Companies，GNT 企业）。GNT 企业规模不大，却在特定市场领域全球占有率高，平均海外市场销售额占比高达 45.1%。日本政府高度重视 GNT 企业的培育，经济产业省于 2014 年开展了 GNT 企业评选，从机械、原材料、消费品等行业评选 100 家企业，对其表彰并持续给予特殊政策扶持，包括资金、专业指导、标准管理等各个方面。该评选产生了良好的示范效应，其扶持做法对我国“隐形冠军”企业培育具有重要的借鉴价值。日本经济产业省 GNT100 企业评选及培育经验主要包括以下几个方面：

第一，制定差异化的评选门槛，关注有潜力中小企业。日本政府在评选 GNT 企业奖项时划分两档：GNT 企业和潜力型 GNT 企业，给予潜力型 GNT

企业极大的关注。同时，为了避免评选门槛“一刀切”导致的不公正，经济产业省对大型、中坚①、中小企业制定了差异化的参评门槛，各类企业在全球市场份额和年销售额方面的申报要求有所差别。经济产业省也规定了统一的评选限制条件，如果企业在评选过程中提供虚假信息，或者企业主、法人代表、管理人员存在违法行为，则不能申报。2014 年最终有 281 家企业参与评选，从中选出了 100 家 GNT 企业和 7 家潜力型 GNT 企业，绝大多数为中小、中坚企业，合计占比达 94.4%。

表 6－1　日本参评 GNT100 企业的申报资格

申报资格	大企业	中小企业、中坚企业
全球市场份额占比	过去 3 年中，至少 1 年的全球市场份额占比≥20%	过去 3 年中，至少 1 年的全球市场份额占比≥10%
年销售额	公司产品和服务的年销售额为 100 亿—1000 亿日元	无要求

资料来源：日本经济产业省网站，2014 年。

第二，评价原则重视经营状况和行业影响力，兼顾风险控制能力。经济产业省特别重视以下四条评价原则，并据此设计评价指标：一是兼顾全球市场占有率与利润。企业既要保证全球市场份额，又要达到相当的营业收入；二是保持独特性与自主性。企业在全球生产活动的地位不可替代，其生产环节不依赖于特定的供应链企业，而是通过选择许多国家的多家供应商以提高生产自主性；三是有效应对替代风险能力。企业应能够有效应对由于技术更新或其他新进入企业所带来的风险；四是维持全球市场占有率的可持续性。企业应具备长期保持全球市场份额不下滑的能力。

第三，设计定性指标弥补定量指标的不足，组织各方专家打分排名。经济产业省设定了收益性、战略性、占有力、国际性 4 个一级指标，每个一级指标包括 4—5 个二级指标，共计 18 个二级指标。较有特色的是，二级指标的设计采用了定量和定性指标相结合的方法，每个一级指标下专门设计了 2

① 中坚企业指最近财政年度的销售额在 1000 亿日元以下的企业，但不包括由大企业出资并控制的中小企业。

个二级定性指标，对定量评价指标难以考察的战略管理、经营决策、风险控制等补充测量。典型的定性评价指标包括企业对收益性的认识、改善市场占有率的对策等。

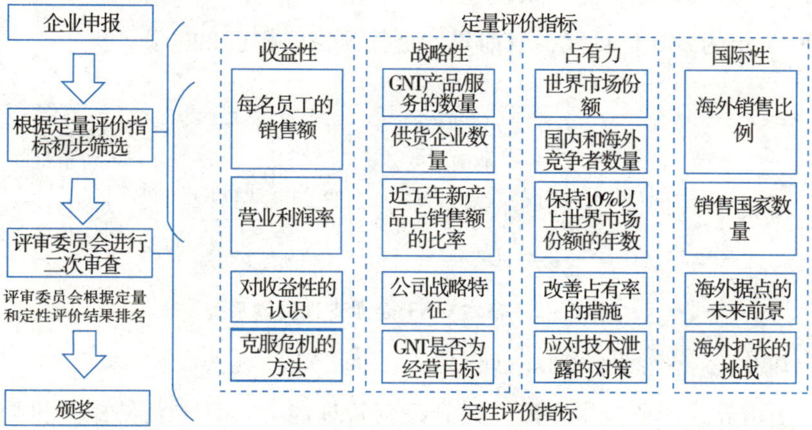

图 6－1 日本 GNT 企业评选流程和指标体系

资料来源：日本经济产业省网站，2014 年。

经济产业省对参评企业将进行两轮筛选。第一轮根据定量评价指标初步筛选。第二轮则组建了评审委员会，由评审专家结合定量和定性指标的评价结果打分排名。为保证评审结果的客观性和公正性，评审专家均来自经济产业省外部，包括行业协会、政策性银行、知名财团以及著名高校。

第四，为 GNT100 企业提供特殊扶持政策。经济产业省对上榜企业进行表彰并颁发认定证书，同时编制案例集和企业名录，通过经济产业省网站对企业产品、成功经验等进行宣传推广，并提供特殊扶持政策。

一是提供长期资金，支持海外市场拓展。商工组合中央金库（简称“商工中金”）自 2014 年起开始实施“国际利基领军企业支援贷款制度”，为 GNT 企业和以 GNT 企业为发展目标的中小、中坚企业提供海外拓展所需的长期资金（原则上 10 年）。这些企业可以申请最多 5 亿日元的长期性一次性偿还贷款，该贷款利息偿还为“成功利息支付”方式，可根据海外业务开展情况灵活调整支付利息①，以减轻业务特性和资金调度之间的不匹配程度。此

① 海外业务成功时按商工中金组合金库所定利息执行，失败时按 0.6% 执行。

外，该制度在实施中非常重视与民间金融机构协调合作，商工中金通过在国内外104家机构开展的“中小企业海外业务支援服务”，为企业开展海外业务提供包括资金在内的多种问题解决方案及信息支持，该贷款资金列入政府的财政投资·融资计划，近年来资金规模不断扩大，由2014年的135亿日元增加到2017年的240亿日元，目前累计贷款项目已超过220项。

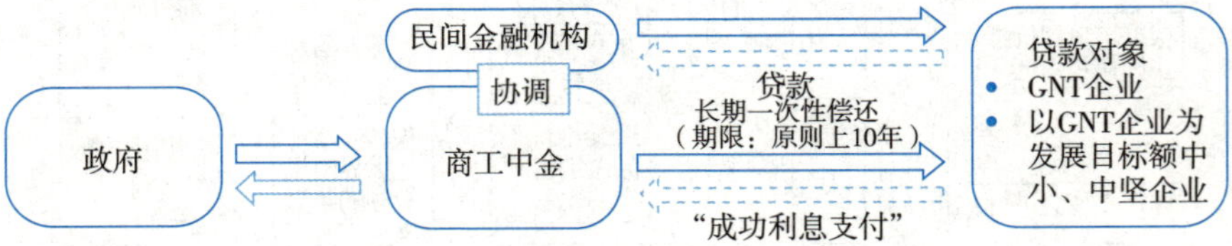

图6－2 日本GNT企业支援贷款系统

资料来源：日本经济产业省网站，2016年。

二是培养并派遣技术专家，提升经营管理能力。日本贸易振兴机构2015年起开始实施“核心企业等出口扩大支援事业”，向以GNT企业为发展目标的地方核心企业派遣专家，对其出口的整个策划、制定过程进行援助。2016年起，日本开始实施“智能产品制造援助队事业”，培养并派遣智能制造技术专家，促进中小企业生产力提高及技能、技术等的传承。同时，商工会和商工会议所联合推出了“小规模事业者支援人才培养事业”，通过培训提高小规模事业者的管理能力。

三是简化标准申请流程，加快标准化进程。针对拥有尖端技术和产品的中坚、中小企业，日本在2014年推出了“新市场开拓型标准化制度”，由日本规格协会（JSA）代替企业完成从标准化方案制作到标准化提案的一系列工作，无须与行业团体内部达成共识即可高效实现国内标准（JIS化）或国际标准（ISO/IEC）提案。2017年，又审议通过了基于该制度的标准化议案，JSA今后将成立包括提案公司在内的方案制作委员会，负责标准化方案制作。方案完成后，经工业标准调查会（JISC）审核，最终设为国内标准（JIS）。

第五节 “三位一体”打造我国“隐形冠军”企业培育体系

一、动态管理：开展评选活动，建立良性竞争秩序

一是制定国家级“隐形冠军”企业评定标准，尽快开展全国性的评选活动。参照日本经验，对评价指标体系再设计，重点考察企业收益情况、行业影响力、风险控制能力、维持全球市场份额的持续性等。补充设计定性指标，对经营目标、改善海外市场的对策、战略特征等进行考察。二是组织政产学研各界专家参与评审。编制专家评审工作方案，优化专家结构，建立来自知名企业、行业协会、金融机构、高等院校等机构的专家评审委员会。三是按照动态管理原则，定期对认定企业复核评估。对示范企业进行表彰，对不参加复核或未通过复核的企业，撤销认定称号。

二、机制创新：加强部门联动，形成工作合力

一是建立“隐形冠军”企业培育联席会议制度。加强工业和信息化、科技、财政等多部门之间的统筹协调，以及国家、省、市的纵向协调，系统性解决“隐形冠军”培育的问题，形成信息共享、齐抓共管、运转高效的格局。二是由工信部牵头，联合各部门制定“隐形冠军”企业培育专项行动，明确责任分工，细化工作任务，及时跟踪培育工作推进情况。三是加强组织领导，确保地方政府将“隐形冠军”企业培育纳入工作目标责任制考核，切实保障培育工作的认真落实。

三、政策支持：突出精准施策，实现领军企业重点突破

一是财政专项资金向“隐形冠军”领军企业倾斜，为其海外扩张提供长期贷款。创新利息支付方式，根据企业海外业务开展情况灵活调整利息。鼓励商业银行与民间金融机构、中介服务机构合作，建设“海外业务支援网

络”，为领军企业的海外扩张提供信息服务和资金支持。二是与高等院校、专科职校建立人才联合培养机制，为中小企业发展培养专业人才。建立外部专家指导小组，为企业提供技术指导和咨询服务。三是优化国内外标准申请流程，鼓励企业积极参与国家标准、行业标准的制（修）订工作。四是充分利用微信、微博等新媒体，依托工信部网站、主流媒体等平台，对领军企业的成功经验多渠道宣传推广，引导更多企业向“隐形冠军”领军企业发展。

第七章　新修订《中小企业促进法》系统解读

第一节　《中小企业促进法》修法背景

2002 年 6 月 29 日，《中华人民共和国中小企业促进法》于第九届全国人民代表大会常务委员会第二十八次会议审议通过，并于 2003 年 1 月 1 日起施行，这是我国制定的第一部关于中小企业的专门法律。自实施以来，在促进中小企业发展方面，取得很大成效。但随着我国经济的不断发展，中小企业领域也出现了一些新变化，因此原法在某些方面已经不能适应当前我国中小企业发展的现实需要。经全国人大常委会三次分组审议以及进一步地修改完善，新修订的《中小企业促进法》于 2017 年 9 月 1 日第十二届全国人大常委会第二十九次会议表决通过，并于 2018 年 1 月 1 日起正式实施。新法由原来的七章增至十章，“融资促进”单列一章，增加“权益保护”和“监督检查”两章。

一、《中小企业促进法》修法意义

中小企业占我国企业总数的 99%，是我国最具创新活力的企业群体。我国中小企业吸纳了 80% 以上的城镇新增就业，完成了 70% 以上的专利发明，创造了 60% 以上的国内生产总值，贡献了 50% 以上的税收，在保就业、惠民生、促进国民经济健康发展、保持社会稳定等方面发挥着至关重要的作用。

于 2002 年第九届全国人大常委会第二十八次会议审议通过的，2003 年正式实施的《中华人民共和国中小企业促进法》，在改善中小企业发展环境，促进中小企业健康发展方面取得了很大成绩。但随着我国社会经济的不断发展，国内外经济形势的不断变化，我国中小企业发展也面临一些新问题、新情况。因此，修改中小企业促进法，补充完善相应条款，具有重要的现实意义。

二、《中小企业促进法》修法原则

第一，坚持公平平等原则。在市场经济中，各个经济主体要有公平的市场地位。不论是大企业，还是中小企业，在市场经济面前都是平等的。与此同时，中小企业虽然数量众多，但每一个企业个体，其抗风险能力较弱，所以需要给予中小企业尤其是小微企业更多的支持，这也是由中小企业所具有的重要意义决定的。中小企业不仅是国家经济发展的重要动力，也是经济社会发展的稳定器。在对于中小企业更多扶持和市场公平竞争之间，一方面对中小企业尤其是小微企业予以更多扶持，另一方面中小企业也要依法经营、遵守相关法律法规。总之，在修法过程中，主要侧重于为中小企业营造公平竞争的市场环境，而不是消除竞争，对具体的中小企业进行补贴。

第二，坚持问题导向原则。2013 年，十二届全国人大常委会立法将修改《中小企业促进法》纳入第一类项目。2014 年，由全国人大财经委牵头，成立了由工信部、发改委、财政部等 14 部委组成的中小企业促进法修订起草组。自此直至 2017 年 9 月 1 日，全国人大常委会三审通过，共计三年零八个月。从修法之初，起草组就通过网络面向全社会征集意见，并多次赴地方深入调研。起草组针对反馈，归纳整理了各项意见，针对反映突出的问题，有针对性地进行修改完善，提高新法的针对性、时效性和可操作性。同时，在新法的修订过程中，结合大众创业万众创新、建设创新型国家等战略的推进情况，将其中在现实中证明行之有效的措施上升为法律。

第二节 《中小企业促进法》新法释义

一、总则

第一条　新法增加“保障中小企业公平参与市场竞争，维护中小企业合法权益，支持中小企业创业创新”。开宗明义，说明了此次修法的目的是考虑到在现实中中小企业在市场竞争中常常受到不公正待遇，所以新法重点在于保护中小企业合法权益，为中小企业生产经营活动营造公平平等的市场环境。

第二条　新法明确了关于中小企业的定义，即“人员规模、经营规模相对较小的企业，包括中型企业、小型企业、微型企业”。首先，提出中小企业包含小微企业，使定义更加准确。其次，将中小企业划分标准由原来的根据职工人数、销售额改为根据企业从业人员、营业收入，与时俱进。

第三条　新法明确提出我国将“促进中小企业发展作为国家长期战略”，同时增加了各类市场主体“机会平等、权利平等和规则平等”的论述。此外，新法明确提出对于小微企业要给予更多的支持，制定扶持政策要更多地向小微企业倾斜。

第四条　原法第八、九条合并为第四条。新法根据现有的法律法规，修改了相关表述，更符合实际。增加了“遵循诚信原则，规范内部管理，提高经营管理水平”，更加符合建立现代企业制度要求和有关文件精神。

第五条　原法第四条，修改为第五条。首先，增加了“建立中小企业促进工作协调机制”的论述，同时明确全国促进中小企业发展工作的管理部门。其次，将主管部门的职能进行了调整，由原来的“综合协调、指导和服务”修改为“宏观指导、综合协调和监督检查”，同时增加了要求“县级以上各级政府可以根据实际情况建立中小企业促进工作协调机制”。

第六条　新法增加第六条。要求加强中小企业的数据统计工作，建立中小企业统计监测制度。这也是促进中小企业发展，有针对性地进行下一步工作的必然要求。为此，统计部门主要有三个方面的职责，一是统计调查，二是检测分析，三是定期发布信息。

第七条　原法第八条修改为第七条。增加了建立社会化的信用信息与评价体系，即依托社会力量完善信用制度，进一步强调了健全中小企业信用制度建设，实现信用信息共享社会化。中小企业的信用制度建设主要包括三个方面，一是建立征信体系，二是建立信息共享机制，三是建立失信惩戒机制。

二、财税支持

第八条　原法第十条修改为第八条。新法明确了“县级以上地方各级人民政府可以根据实际情况安排中小企业发展专项资金”，相比于原法对于地方政府“提供财政支持”的规定，更加明确具体，有利于提高地方政府财政支持的精准性。

第九条　原法第十一条修改为第九条。新法增加中小企业专项资金的使用方式以及重点支持的领域，具体来说，即通过“资助、购买服务、奖励等”方式，重点支持中小企业公共服务体系和融资服务体系建设。同时明确中小企业发展专项资金向小微企业倾斜，在使用过程中坚持公开原则，并实行绩效管理。

第十条　原法第十二条、第十三条修改为第十条。简化了基金组成和扶持事项的论述，明确了设立基金的目的，是用于支持初创期中小企业。增加了县级以上地方各级政府可以设立中小企业发展基金，借以更好地支持地方中小企业发展。中小企业发展基金按照市场化的运作方式，吸引社会资本共同出资，支持中小企业创新发展。

第十一条　原法第二十三条修改扩充为第十一条。新法扩充了原有的内容，增加了对于符合条件的小微企业“按照规定实行缓征、减征、免征企业所得税、增值税等措施”等方面的论述，更加明确具体。增加了“简化税收征管程序”，对于中小企业而言更有针对性，切实减轻了小微企业的税收负担，加大了支持力度。

第十二条　增加了第十二条。增加了“国家对小微企业行政事业性收费实行减免等优惠政策”，从降费方面，进一步减轻小微企业负担。目前在国家层面，保留的行政事业性收费项目越来越少，中小企业的获得感不断增强。

三、融资促进

第十三条　增加了第十三条。明确金融机构在中小企业融资方面应当发挥重要作用。“融资难、融资贵”一直是困扰中小企业发展的一大障碍，一方面由于中小企业自身轻资产等特点，难以从银行获得贷款；另一方面金融机构由于受到风险防控等方面的压力，向中小企业贷款的积极性也不高。因此，新法以法律形式明确要求金融机构发挥服务实体经济功能，支持中小企业发展。

第十四条　对原法第十四条进行修改。与原法相比，明确提出中国人民银行应当采取的政策手段是综合运用货币政策工具，手段更加具体，同时明确加大对小微企业的扶持力度，更加聚焦。中国人民银行的政策工具，主要包括存款准备金率，利率，再贴现率以及公开市场业务等。

第十五条　增加了第十五条。突出了针对小微企业特点，制定差异化监管政策，充分发挥银行业监管机构的作用，明确了银行业监管机构的职责，引导金融机构通过增加小型微型企业的融资规模和比重等方式，加大对小微企业的融资支持力度。

第十六条　原法第十五条修改为第十六条。对国家各类金融机构提出原则性要求，即针对中小企业特点，创新金融产品和服务。特别提出，政策性金融机构应当为中小企业提供多种形式的金融服务。

第十七条　增加了第十七条。增加了“国家推进普惠金融体系建设”，引导和鼓励金融机构下沉服务，助推中小企业发展。增加了“国有大型银行应当设立普惠金融机构”“其他银行业金融机构设立小型微型企业金融服务专营机构”，目的均在于为小型微型企业提供金融服务。增加了“地区性中小银行应当积极为其所在地的小型微型企业提供金融服务”，全方位促进中小企业发展。总之，从大银行、地区性中小银行等金融机构的角度，分别提出了进一步增强对小微企业服务的要求。

第十八条　原法第十六条修改为第十八条。新法突出了发挥资本市场的作用，明确通过建立多层次资本市场体系，发展中小企业直接融资。鼓励中小企业通过直接融资方式，降低融资成本，提高融资效率。

第十九条　增加了第十九条。增加了“支持金融机构为中小企业提供以应收账款、知识产权、存货、机器设备等为担保品的担保融资”的论述，明确提出支持中小企业以应收账款等为担保进行融资，更加符合中小企业的特点，降低了中小企业融资门槛。

第二十条　增加了第二十条。应收账款是中小企业的重要资产，但其属于流动资产，不同于不动产。修改后的新法鼓励中小企业利用应收账款进行融资，提高了融资效率，降低了融资成本，更符合中小企业特点。

第二十一条　原法第十九条、第二十条修改为第二十一条。整合原法条内容，内容更为凝练，表述更为精准。同时再次明确了建立中小企业政策性信用担保体系，充分发挥各级政府的主导作用。

第二十二条　增加了第二十二条。完善的保险制度是缓解中小企业融资难的重要手段。通过金融创新，开发适合中小企业特点的保险产品，不仅可以解决中小企业担保物不足的问题，还能实现风险分散。

第二十三条　原法第十八条修改为第二十三条。鼓励征信机构拓展信息采集渠道，创新针对中小企业融资的产品和服务。增加了“国家鼓励第三方评级机构开展中小企业评级服务”，目的在于缓解银行系统与中小企业之间的信息不对称问题。

四、创业扶持

第二十四条　原法第二十五条修改为第二十四条。首先明确了为创业人员提供服务的主体是县级以上人民政府及相关部门；其次提供服务的类别增加了金融等服务；再次明确了范围是法律政策咨询和公共信息服务；最后指出所提供的服务为无偿服务。

第二十五条　原法第二十二条第二款、第二十四条修改为第二十五条。增加了高等学校毕业生、退役军人、残疾人员等扶持主体，进一步扩大了扶持范围，加大了对特定人群创业的帮扶力度。

第二十六条　增加了第二十六条。主要是明确国家对投资初创期科技创新企业的创业投资企业和个人投资者的优惠政策，鼓励社会资本加大对初创期科技创新企业的支持力度，引导社会资本成为中小企业尤其是初创期、创新型中小企业的重要资金来源。

第二十七条　原法第二十六条修改为第二十七条。主要目的在于降低中小企业设立成本，改善创业环境。推进商事制度改革，进一步放权让利，取消和下放行政审批事项，为企业提供便利化服务，优化营商环境。

第二十八条　增加了第二十八条。明确提出鼓励进行载体建设，为创业人员提供场地支持，同时提供配套服务。场地也一直是限制中小企业发展的重要因素，包括孵化器、创业基地等在内的双创载体，为中小企业创业创新提供了生产经营场所，降低了企业创业成本。

第二十九条　原法第二十二条第一款修改为第二十九条。土地问题也是制约中小企业发展的一大问题，城乡规划中分配给中小企业的指标相对较少。新法支持利用闲置厂房、工业厂房等，进行载体建设，为创业者提供生产经营场所。

第三十条 增加了第三十条。随着新一代信息技术的发展，“互联网+”已经成为不可阻挡的发展趋势。很多中小企业都处于互联网领域，其发展更是离不开互联网平台。所以，新法鼓励互联网平台向中小企业开放，有利于中小企业创新发展。

第三十一条 增加了第三十一条。从注销登记制度入手，简化流程，提升了中小企业市场退出效率。目前企业退出渠道不畅，很大程度上阻碍了市场有效运行，逐步开展企业简易注销制度改革，有利于优化营商环境，激发市场活力。

五、创新支持

第三十二条 原法第二十九条修改为第三十二条。增加了支持中小企业加速折旧、研发费用加计扣除等鼓励中小企业创新的政策，激发中小企业创新活力。新法进一步拓宽了创新的内涵，在技术和产品创新的基础上，增加了商业模式创新和管理模式创新。

第三十三条 增加了第三十三条。互联网、大数据等现代信息技术应用极大地提高了劳动生产率，新法明确鼓励中小企业在生产等环节应用现代信息技术手段，提升中小企业信息化应用水平。

第三十四条 增加了第三十四条。增加了“鼓励中小企业参与产业共性关键技术研究开发”，引导中小企业参与创新活动，激发中小企业创新活力。增加了“国家推动军民融合深度发展”，明确鼓励中小企业参与国防科研活动，促进军民融合发展。增加了鼓励中小企业以及相关组织参与标准的制定，提高中小企业的话语权。

第三十五条 增加了第三十五条。增加了鼓励中小企业进行自主研发，减轻中小企业申请和维持知识产权的成本，提升中小企业保护知识产权能力。新法进一步明确鼓励中小企业进行研发活动，提升企业创新能力。

第三十六条 原法第三十条修改为第三十六条。明确了县级以上政府应当对各类创新服务机构予以支持。进一步扩大了创新服务机构的服务内容，明确创新服务机构提供的具体服务，更有利于服务中小企业。

第三十七条　原法第三十一条修改为第三十七条。增加了鼓励科研机构、高校与大型企业通过开放实验设施的方式进行合作，并且推动以上机构帮助中小企业开发新产品，培养专业人才，提高产学研合作。明确鼓励科技人员到中小企业从事科技成果转化活动。

六、市场开拓

第三十八条　增加了第三十八条。新法着力为中小企业营造公平平等的市场环境，提出实行统一的市场准入，反对不正当竞争。建立公平开放透明的市场环境，推进市场准入的负面清单制度，为优化中小企业营商环境创造了条件。

第三十九条　原法第三十二条修改为第三十九条。增加了一项服务外包，扩充了协作范围，完善了大中小企业协作的内容。中小企业与大企业深度协作，一方面有利于发挥中小企业机制灵活的特点，另一方面也有利于充分发挥大企业规模大、实力强的优势，推动形成大中小企业融通发展的格局。

第四十条　原法第三十四条修改为第四十条。新法扩充了原法条内容，增加了有关部门可以通过制定相关优惠政策，如价格评审优惠、预留采购份额等方式，增加中小企业在政府采购中所占的比例。同时规定了政府对于中小企业不得采取歧视性待遇，明确加大了对中小企业的政策支持力度。增加了政府采购部门应该按照透明公开的原则发布相关信息，并给予中小企业以相应的指导。总体来看，第四十条对于政府相关部门向中小企业的采购提出了明确的要求，制定了最低标准，更加具体，进一步从政府购买方面提高了对中小企业的扶持力度。

第四十一条　原法第三十五条修改为第四十一条。新法进一步明晰了相关政府部门为中小企业产品和服务出口提供支持的领域，包括法律咨询、产品认证、知识产权保护等，增强了本法的可操作性。

第四十二条　原法第三十六条修改为第四十二条。增加了“县级以上人民政府有关部门应当为中小企业提供用汇、人员出入境等方面的便利”，明确提出了政府相关部门在用汇和进出口方面，应当为中小企业开拓市场提供便利。

七、服务措施

第四十三条　原法第三十八条修改为第四十三条。修改主要涉及语言上的表述，论述更为客观科学。明确健全中小企业服务体系，发展多层次、多功能、全方位的社会化公共服务网络。

第四十四条　原法第三十九条第一款修改为第四十四条。对于中小企业公共服务机构，以更加精练的语言，明确提出了建设要求，并提出其提供的是公益性服务。中小企业公共服务平台是中小企业公共服务体系的重要组成部分，在优化中小企业发展环境，促进中小企业创新发展方面起到重要作用。

第四十五条　原法第三十九条第二款修改为第四十五条。新法增加了“县级以上人民政府负责中小企业促进工作综合管理的部门应当建立跨部门信息平台”，汇集关于中小企业创业创新、金融、权益保护等各方面信息，为需要的中小企业无偿提供相关的信息服务。

第四十六条　原法第四十条修改为第四十六条。新法将社会中介机构修改为服务机构，增加了服务机构的服务内容，包括咨询管理、财会税务、知识产权等，扩展了为中小企业提供服务的范围。

第四十七条　增加了第四十七条。新法明确提出有关部门要加强对中小企业经营管理人员的培训，提升中小企业管理者水平。同时指出应当进一步整合社会教育培训资源，完善中小企业培训体系，提升中小企业经营者的管理水平。

第四十八条　原法第四十一条修改为第四十八条。新法增加了第二款，进一步明确了各类机构与中小企业的合作可以采取共建实践基地的方式，同时鼓励各类院校教师与中小企业进行人才双向交流。明晰了合作方式，更具操作性。

第四十九条　原法第四十二、四十三条修改为第四十九条。一方面明确了中小企业有关行业组织要为中小企业提供服务，另一方面也应加强自律管理。行业组织主要是指行业协会商会，涉及国民生活的各个领域，在加强中小企业交流合作方面发挥着重要的作用。

八、权益保护

第五十条　原法第六条第一款修改为第五十条。新法进一步强调了对中小企业财产权以及其他权利的保护，深入贯彻落实了我国关于产权保护制度的相关规定，加强了对中小企业各项合法权益的保护力度，有利于激发中小企业的创新活力。

第五十一条　增加了第五十一条。新法明确了各级中小企业管理部门，应当听取中小企业意见，并对相关部门进行督促改进。同时明确要求有关部门和各类行业组织公布联系方式，对于中小企业的投诉，在规定时间内必须予以处理。进一步完善了中小企业维权机制，提高了工作效率。

第五十二条　增加了第五十二条。新法进一步加强了对中小企业的保护力度，明确规定相关部门在对中小企业进行管理的过程中应依法依规，不得强制中小企业参与考核、评比等活动，进一步规范了政府部门行为，保护中小企业权益。

第五十三条　增加了第五十三条。新法将解决拖欠中小企业货款的问题上升到法律层面，保障中小企业合法权益。针对现实中大企业、机关事业单位利用优势地位，违规拖欠中小企业货款的行为，从法律层面予以规范，为中小企业依约获取货款提供了法律保障。

第五十四条　原法第六条第二款修改为第五十四条。新法明确提出不得向中小企业进行违法违规处罚以及乱摊派，如有侵害行为，中小企业可依法举报，加大了对中小企业的保护力度。乱收费、乱摊派等问题由来已久，新法从法律层面予以规定，任何单位均需严格遵守。

第五十五条　增加了第五十五条。行政事业性收费是行政性收费和事业性收费的统称，新法针对现实中对于中小企业行政事业性收费过多等问题，提出建立和实施行政事业性收费目录，并向社会公开。修改后的新法更具操作性，且切实减轻了企业负担。

第五十六条　增加了第五十六条。新法针对现实中出现的任意检查、人情监管等各类检查问题，提出建立随机抽查机制以及联合检查、合并检查机制，为中小企业营造了良好的市场环境。

九、监督检查

第五十七条　增加了第五十七条。新法明确强调了对中小企业促进工作进行检查，对于违法行为，给予处罚。新法规定的促进中小企业发展的各项规定，涉及包括财政、税务、银监会、中国人民银行，以及商业银行等众多单位和部门，需要对落实情况进行监督检查，对于违反本法相关规定的，应当依法追究法律责任。

第五十八条　增加了第五十八条。新法要求相关部门应当“委托第三方机构对中小企业发展环境进行定期评估”，并将评估结果及时向社会公开。对于中小企业的发展环境进行评估，定期了解各项促进中小企业发展政策的落实情况和效果，对于指导日后的工作具有重要的现实意义。

第五十九条　增加了第五十九条。中小企业专项资金和中小企业发展基金对于促进中小企业的健康发展至关重要。新法以监督促落实，规范中小企业专项资金、发展基金的管理，确保其充分发挥应有的作用。

第六十条　增加了第六十条。新法进一步规范了相关部门行为，加大了监督检查力度。对于“强制或者变相强制中小企业参加评比、考核，违反相关法律规定向中小企业摊派财物”等侵犯中小企业权益的行为，相关人员应当给予处分。

十、附则

第六十一条　原法第四十五条修改为第六十一条。将实施日期由2003年1月1日修改为2018年1月1日。本次修订《中小企业促进法》，历时三年零八个月，于2017年9月1日经第十二届全国人民代表大会常务委员会第二十九次会议审议通过，并于2018年1月1日起施行。

第三节　《中小企业促进法》新法亮点

总之，通过前几节的分析可以发现，新法立足中小企业发展实践要求，总结起来有六大特征，亮点纷呈。

第一，内容更广泛，针对性更强。例如，新法从我国中小企业发展战略和实际特点出发，针对中小企业市场公平秩序、财税金融支持、权益保护和监督落实等方面的问题，进一步修改完善了相关法条。新法由七章增加到十章，第一章总则增加了坚持三个平等原则、保障中小企业公平参与市场竞争等内容，原法第二章“资金支持”进一步细分为“财税支持”和“融资促进”，增加了第八章“权益保护”和第九章“监督检查”。

第二，内容更具体，操作性更强。例如，新法对专项资金使用方法做了进一步细化和完善，对小型微型企业创业基地的场地建设提出更具体的新要求；进一步提出相关机构应当对小微企业制定差异化监管政策，通过“合理提高小型微型企业不良贷款容忍度”等方式，鼓励和引导“金融机构增加小型微型企业的融资规模和比重”。

第三，内容与时俱进，前瞻性更强。例如，新法考虑到国内外经济形势的变化，新增的很多条款更加顺应时代发展要求。新法提出国家鼓励互联网、大数据、云计算等现代技术手段在中小企业技术改造、转型升级和生产经营管理等方面的应用，提升中小企业信息化水平。

第四，措施更新颖，突破性更强。例如，新法提出鼓励中小企业通过应收账款等方式进行融资，更符合中小企业的特点。同时指出“中小企业以应收账款申请担保融资时，其应收账款的付款方，应当及时确认债权债务关系”，有力地支持了中小企业融资。

第五，监督与评估并重，责任更明确。例如，新法提出进一步加大监督检查力度，通过建立涉企行政事业性收费目录清单等制度，严厉打击侵害中小企业合法权益的行为，加强对中小企业的保护力度；定期开展中小企业专项资金和基金的使用效率评估，进一步加大了对中小企业相关工作的监督检查力度，有利于中小企业相关工作的推进和本法的贯彻落实。

第六，扶持与引导兼顾，更强调服务。例如，新法提出专项资金要向小微企业倾斜；鼓励地方政府设立中小企业发展基金，引导和带动社会资本支持处于初创期的科技创新企业；鼓励国有大型银行设立普惠金融机构，引导银行业金融机构下沉服务，延伸网点和业务，为中小企业提供所需的金融、信息等服务。

第八章　中小金融机构服务小微企业发展研究

我国暂未设置专门的中小企业银行，或以“中小企业”命名的官方金融机构，本篇所指的中小金融服务机构是指将中小企业作为主要服务对象、为其提供直接金融服务的机构，主要指村镇银行、民营银行、小额贷款公司。近年来，随着政策环境的进一步优化，中小金融机构的发展环境进一步宽松，服务小微企业积极性大增，取得积极进展。

第一节　村镇银行服务小微企业发展研究

2006 年 12 月 20 日，银监会出台《关于调整放宽农村地区银行业金融机构准入政策更好支持社会主义新农村建设的若干意见》，按照“低门槛、严监管”的原则，调整和放宽了农村地区银行业金融机构准入政策，村镇银行的设立首先从四川、青海、甘肃、内蒙古、湖北等 6 省（自治区）开始试点；2007 年 1 月，银监会制定并发布《村镇银行管理暂行规定》，为村镇银行进入农村金融市场以及合法地位提供了法律依据，同年，全国首家村镇银行——惠民村镇银行成立；2007 年 10 月，中国银监会决定扩大调整放宽农村地区银行业金融机构准入政策试点范围，将新型农村金融机构试点范围由先期 6 省（区）扩大到全国 31 个省（区、市）；在政策的一路护航下，村镇银行飞速发展，成为银行业一枝独秀，成为缓解小微企业融资难题的重要力量。

一、现状

（一）覆盖范围逐步扩大，成为缓解小微企业融资难的重要抓手

在国家政策的支持下，村镇银行快速发展，截至2016年末，全国共有1519家，覆盖范围急速增加，已经覆盖全国65.9%的县市，其中有10省市实现县域全覆盖①；其中，中西部共组建村镇银行980家，占村镇银行总数的64.5%。村镇银行实力不断增强，截至2016年末，资产规模达1.24万亿元。村镇银行各项贷款余额7021亿元，其中，农户及小微企业贷款占各项贷款余额的93%，共6526亿元；500万元以下贷款占比80%，支农支小特色显著②。

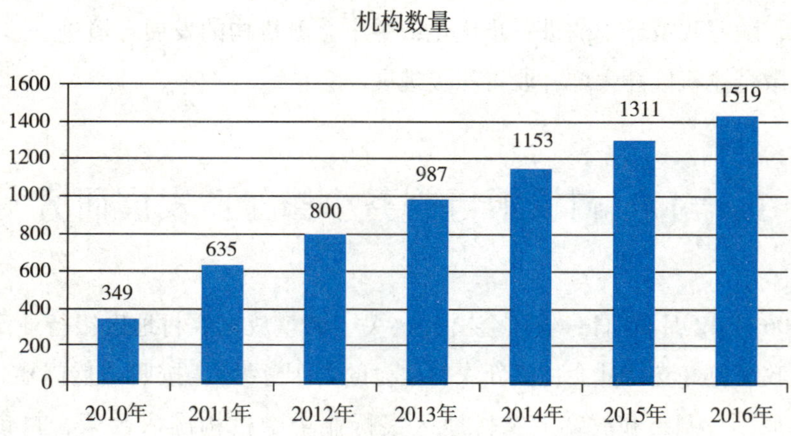

图8-1　2010—2016年我国村镇银行机构数量走势图

资料来源：中国银监会。

（二）金融产品与服务不断创新，助力降低融资成本

村镇银行的主营业务主要包括收公众存款、发放短中长期贷款等银行金融机构的传统业务，除此之外，村镇银行还不断根据实际情况拓展新业务，创新金融产品，如积极开展应收账款质押贷款、土地流转质押贷款、林权质押贷款等业务品种。村镇银行管理体制较为简约，层级简单，决策链条大幅缩短，在一定程度上推动了放贷时间进一步缩短，贷款效率进一步提高，融

---

① 《中国村镇银行发展报告2016》。

② http：//www. cq. gov. cn/publicinfo/web/views/Show！ detail. action？ sid＝4182544.

资成本进一步降低，远低于小额贷款公司、农村信用社等方式贷款。

二、存在的问题

（一）市场准入要求较高，是阻碍村镇银行快速发展的屏障

按照《村镇银行管理暂行规定》的相关规定，在县（市）设立的村镇银行，其注册资本不得低于 300 万元人民币；在乡（镇）设立的村镇银行，其注册资本不得低于 100 万元人民币。且村镇银行的主发起人、最大股东必须是符合条件的银行业金融机构，且单一境内银行业金融机构持股比例不得低于 20%，单个自然人股东持股比例、单一非银行金融机构或单一非金融机构企业法人及其关联方合计持股比例不得超过总股本的 10%[①]，监管部门制定这样的法规，主要是为了通过适度提高市场门槛强化金融市场监管，避免发生金融风险，但同时也将部分想进入金融市场的非银行类金融机构和民间资本排除在外，造成发起人选择面过窄的现象；另一方面银行是逐利性机构，按照市场化机制运营，大型商业银行入股村镇银行，会从自身利益角度考虑，慎重考虑村镇的市场环境及未来发展潜力，村镇银行盈利能力弱、运营风险高、投资回报慢等因素都要考虑在内，总体而言，当前商业银行设立村镇银行的态度不够积极，村镇银行的发展进程较为缓慢。

（二）地区分布不均匀，多集聚于经济较为发达的区域

根据银监会统计数据，2010—2016 年期间，东部、中部、西部、东北地区村镇银行数量占比差异较大。东部地区占比迅速增加，从 28.7% 增长至 39%；中部地区也稳步增长，从 20.6% 增长至 27.6%；中部地区缓慢下降，从 32.5% 降至 24.4%；东北地区从 18.3% 降至 9%。而且西部地区的村镇银行大多集中在经济比较发达的地区，而青海、甘肃等欠发达的西部省份的村镇银行数量却非常少。综上所述，发起行更倾向到发达地区设立村镇银行，目前发达地区本身的金融机构、金融资源已经较为丰富，而我国小微企业呈现出“量大面广”的分布特征，欠发达地区的小微企业更需要金融支持，目前村镇银行的分布会进一步加剧金融资源供给不平衡，不利于缓解欠发达地

① 中国银行业监督管理委员会关于印发《村镇银行管理暂行规定》的通知（银监发〔2007〕5 号）。

区小微企业融资难题。

表 8-1　东部、中部、西部、东北地区村镇银行占比

时间	东部地区	中部地区	西部地区	东北地区
2010 年	28.70%	20.60%	32.50%	18.30%
2011 年	30.40%	23.80%	31.10%	14.70%
2012 年	32.20%	25%	29.60%	13.20%
2013 年	33.90%	24.40%	30.20%	11.50%
2014 年	33.50%	28.90%	25.70%	12%
2015 年	34.10%	29.20%	26.40%	10.30%
2016 年	39%	27.60%	24.40%	9%

资料来源：赛迪智库中小企业所整理。

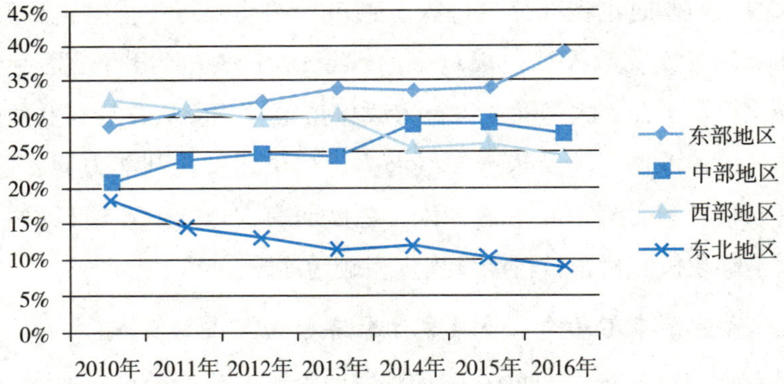

图 8-2　东部、中部、西部、东北地区村镇银行占比走势图

资料来源：赛迪智库中小企业所整理。

（三）知名度不足，吸储困难，盈利能力较弱

由于村镇银行成立时间短，知名度都较低，加上村镇银行业务单一、网点少等原因导致存取不方便，因而吸纳存款受到很大的影响，吸储困难。目前，村镇银行主要的业务以向农户和微小企业发放小额贷款为主，放贷额度一般为 2 万—10 万元，贷款利率通常较低，盈利能力较弱。此外，吸收存款和发放贷款是其主要业务，通过发行债券、上市融资等渠道获得外部资金较少，总体而言，村镇银行的可持续发展能力较弱。

三、政策建议

（一）加大对欠发达地区的政策支持力度，扩大村镇银行的覆盖面

国家对村镇银行的支持力度不断增强，如2009年3月，为进一步推动村镇银行发展，财政部发布《关于实行新型农村金融机构定向费用补贴的通知》，对达到条件的村镇银行，2009—2011年按照上年末贷款余额的2%给予补贴①。2010年4月，为解决村镇银行等新型农村金融机构组建速度缓慢、大中型银行主发起人偏少等问题，银监会下发《关于加快发展新型农村金融机构有关事宜的通知》，要求各地强化执行力，确保执行三年规划，并制定和调整了一系列的政策，包括：将大中型银行参与新型农村金融机构组建情况与其他市场准入事项挂钩、将中小银行业金融机构设立分支机构与发起设立新型农村金融机构实施准入挂钩等②。一系列政策施行以来，效果非常明显，但村镇银行多数集中于经济发达地区，分布不均匀。建议政府加大对欠发达地区村镇银行的政策倾斜力度，如央行提供支农再贷款优惠等，甚至可以适度放宽贫困地区村镇银行发起人的准入条件，提升欠发达地区村镇银行的覆盖率，扭转村镇银行区域分布不均的局面。

（二）加强金融产品创新，积极开拓新业务

目前村镇银行的业务主要集中在吸储、放贷，其他方面的金融业务开展较少，建议村镇银行一方面继续“深耕细作”，优化当前主营业务。具体而言，首先是深入了解所在区域企业的实际需求，定做适合客户的特色产品，不断创新金融产品与服务；其次是在业务经营上，充分利用管理机制灵活的优势，使村镇银行所提供的金融服务更便捷更有效。同时，根据自身发展情况，积极进入创业板、新三板等股票市场，多渠道获取发展资金，增强自身实力，以便更好地服务小微企业。

---

① 《关于实行新型农村金融机构定向费用补贴的通知》（财金〔2009〕15号）。

② 《中国银监会关于加快发展新型农村金融机构有关事宜的通知》（银监发〔2010〕27号）。

第二节　民营银行服务小微企业发展研究

一、现状

成立民营银行是落实普惠金融规划的重要抓手，也是补足小微企业融资短板、完善现有金融体系的重要举措。自2014年银监会批准成立民营银行以来，依托差异化的市场定位和发展战略，机制灵活、效率高、适应性强等优势，民营银行缓解小微企业融资难的作用逐步显现。

（一）与商业银行互为补充，定位服务小微企业

银行信贷是小微企业获得融资的主要途径。由于小微企业抵质押物少，生产、财务、销售信息不健全，银行需投入更多的人力、物力来对企业进行调查、评估，所以股份制商业银行均把大型、中型企业列为主要客户，“量大面广”的小微企业获得的信贷资源十分有限。差异化的市场定位和发展战略是民营银行生存的根本前提，与股份制商业银行不同的是，民营银行主要是为中小微企业、“三农”和社区提供更有针对性、更加便利的金融服务，是金融体系的重要组成部分。

2014年银监会批准了5家民营银行，2016年银监会又批准了12家民营银行，民营银行从最初的5家增加至现在的17家，覆盖范围不断扩大。按是否设置实体网点划分，民营银行主要有“线上+线下”与“仅线上”两种模式，“仅线上”模式不设置实体网点，也被称为“互联网银行”，微众银行、网商银行均为这种模式。

表8-2　民营银行发展概况

序号	银行	获批时间	状态	地点	模式
1	深圳前海微众银行	2014.7.24	开业	广东省深圳市	仅线上
2	温州民商银行	2014.7.24	开业	浙江省温州市	线上+线下
3	天津金城银行	2014.7.24	开业	天津市	线上+线下
4	浙江网商银行	2014.9.26	开业	浙江省杭州市	仅线上

续表

序号	银行	获批时间	状态	地点	模式
5	上海华瑞银行	2014. 9. 26	开业	上海市	线上 + 线下
6	重庆富民银行	2016. 5. 03	开业	重庆市	线上 + 线下
7	四川新网银行	2016. 6. 07	开业	四川省成都市	仅线上
8	湖南三湘银行	2016. 7. 26	开业	湖南省长沙市	线上 + 线下
9	安徽新安银行	2016. 11. 7	筹建中	安徽省合肥市	
10	福建华通银行	2016. 11. 23	开业	中国（福建）自由贸易试验区平潭片区	线上 + 线下
11	武汉众邦银行	2016. 12. 05	开业	湖北省武汉市	线上 + 线下
12	吉林亿联银行	2016. 12. 16	开业	吉林省长春市	线上 + 线下
13	江苏苏宁银行	2016. 12. 16	开业	江苏省南京市	线上 + 线下
14	威海蓝海银行	2016. 12. 16	开业	山东省威海市	线上 + 线下
15	辽宁振兴银行	2016. 12. 19	筹建中	辽宁省沈阳市	
16	中关村银行	2016. 12. 19	开业	北京市	线上 + 线下
17	梅州客商银行	2016. 12. 29	开业	广东省梅州市	线上 + 线下

资料来源：银监会官网、民营银行官网。

（二）业务模式不断创新，服务小微企业成效初步显现

经过近三年的探索，我国民营银行业务规模初步成型。按照业务对象与范围进行划分，民营银行的经营模式主要有四种：“小存小贷”（限定存款上限，设定财富下限）；“大存小贷”（存款限定下限，贷款限定上限）；“公存公贷”（只对法人不对个人）；“特定区域存贷款”（限定业务范围、区域范围）。如首批民营银行中，天津金城银行侧重于“公存公贷”，浙江网商银行侧重于“小存小贷”，温州民商银行和上海华瑞银行则定位于“特定区域存贷款”。

民营银行自开业以来，整体运行审慎稳健。2016 年，民营银行经营业绩大幅增长，不良贷款率仅为 0.54%，与商业银行的 1.81% 相比处于较低水平。截至 2016 年底，8 家开业的民营银行贷款余额约 800 亿元。

二、存在的问题

（一）网点少、开户难，客户受众有限

按照《中国银监会市场准入实施细则》，民营银行只允许“一户一行”，即在总行所在城市仅可设1家营业部，不允许跨区域开设网点，这就意味着民营银行主要是为所在辖区内的中小企业服务，限制了民营银行服务小微企业的范围，限定了民营银行业务拓展，也不利于吸引民间资本投资银行业。

民营银行中的微众银行、网商银行均为互联网银行，不设线下网点，具有少网点、少人工的特点，大幅降低银行管理与服务成本，进而降低小微企业贷款成本。根据人民银行2015年底发布的《关于改进个人银行账户服务加强账户管理的通知》，全功能的Ⅰ类账户必须柜台办理，远程开户仍未开放，两家互联网银行只能给用户开设Ⅱ类账户或Ⅲ类账户，Ⅱ类账户或Ⅲ类账户在单日支付额度等方面受到限制，小微企业在互联网银行开户积极性受到影响。

（二）吸储能力弱、放贷金额少

由于近几年金融风险频发，储户倾向于选择实力雄厚的国有银行、股份制商业银行进行储蓄。尽管民营银行大股东多为行业领军企业，资金实力雄厚，但是民营银行在我国属于新生事物，品牌知名度不高，储户选择较为谨慎；此外，民营银行主要对中小微企业、“三农”和社区等经济发展薄弱环节和领域提供金融支持，目标客户储蓄能力相对较弱。

按照《国务院办公厅转发银监会关于促进民营银行发展指导意见的通知》（国办发〔2015〕49号）规定，民营银行有承担剩余风险的制度安排，防止风险外溢，发起人切实自担风险，自愿承担银行经营风险。承诺承担剩余风险，也就意味着民营银行股东承担无限连带责任，民营银行目前仍处于发展期，在运营、管理等各方面仍处于探索中，为控制风险所以放贷较为谨慎。截至2016年末，8家开业的民营银行800亿元贷款余额仅占小微企业贷款余额总量（20.84万亿元）的0.384%，为小微企业融资服务非常有限。

（三）金融产品和服务尚未形成完整体系

目前，已开业的民营银行均结合自身特点推出了金融产品，如深圳前海微众银行的“微粒贷”、温州民商银行的“旺商贷”“商人贷”“益商贷”“旺业贷”，浙江网商银行的“旺农贷”等，尽管金融产品总量繁多，但实际上，仅是命名“纷繁花哨”，各产品之间的差异主要体现在贷款利率的细微差别。多数民营银行笼统地将服务对象定位为小微企业和个人，类似于“旺农贷”这种针对具体行业和群体的精细化金融产品极少，精准化服务程度严重不足。各民营银行亟须找准定位，根据服务对象行业特性、投资特点、抗风险能力等，进一步细分客户，并提供针对性的金融产品，为小微企业提供全方位、全覆盖的金融服务。

三、政策建议

（一）引导民营银行承接政策性银行批发贷款业务，不断扩充资金来源

我国暂未设立中小企业银行，国家鼓励现有的政策性机构加大对小微企业的扶持，如《中小企业促进法》规定“国家政策性金融机构应当在其业务经营范围内，采取多种形式，为中小企业提供金融服务”，《推进普惠金融发展规划（2016—2020 年）》规定“鼓励开发性政策性银行以批发资金转贷形式与其他银行业金融机构合作，降低小微企业贷款成本”。长期以来，国家开发银行主要通过转贷模式为小微企业提供融资服务，即国开行向具备贷款经营资格并且评审认可的中小银行金融机构、小额贷款公司（简称“转贷人”）等机构提供授信，转贷人按与国开行的约定向最终的小企业客户发放贷款的业务模式，目前与包头市商业银行、台州市商业银行、马鞍山农村合作银行等多家银行开展合作，已经取得积极成效。

小微企业是民营银行的主要服务对象，小微企业金融业务属于普惠金融领域，民营银行的发展应该得到国家的扶持。建议引导民营银行积极参与国家开发银行转贷业务，不断扩充资金来源。考虑到民营银行仍处于发展期，可适当降低合作条件，给予利率优惠，以推动民营银行更好地为小微企业服务，将金融资源流向小微企业。

（二）支持民营银行与中小企业发展基金对接，扩大服务小微企业范围

2015年9月，中央财政通过整合资金出资150亿元，建立总规模为600亿元的国家中小企业发展基金。截至2017年9月，募集基金总规模已达195亿元，四支实体基金共完成投资项目100个，投资金额26.27亿元，投资项目涵盖高端装备制造、新能源、新材料、生物医药、节能环保、互联网、信息技术等多个行业①。在国家中小企业发展基金的示范引导带动下，许多省市都开始设立地方中小企业发展基金，对中小企业而言，中小企业发展基金影响力大、辐射范围广。

民营银行正处于市场开拓阶段，建议将中小企业发展基金与民营银行对接，将基金投资的项目有银行信贷需求的企业推荐给民营银行，由于中小企业发展基金投资的项目经过层层筛选，均为发现潜力较大的优质项目，可适度降低民营银行风险。同时，通过这种方式，可将小微企业股权融资与银行信贷连接起来，方便小微企业融资。

（三）鼓励民营银行积极开展投贷联动，丰富服务小微企业方式

当前，民营银行主要是通过发放贷款为小微企业提供金融服务，服务方式较为单一。按照《关于支持银行业金融机构加大创新力度开展科创企业投贷联动试点的指导意见》，当前已经在北京中关村国家自主创新示范区、武汉东湖国家自主创新示范区、上海张江国家自主创新示范区等多个示范区开展投贷联动试点，国家开发银行、中国银行、西安银行等十家试点银行均属于试点银行，其中，上海华瑞银行属于民营银行。

建议鼓励其他民营银行积极开展投贷联动工作，不断丰富服务小微企业方式。一是不断扩大试点范围，将其他民营银行纳入试点工作；二是总结上海华瑞银行投贷联动工作经验，为其他民营银行开始投贷联动工作提供参考。

（四）定期开展考核，确保其服务小微企业的定位不变

由于民营银行属于新生事物，存在很多不稳定因素，所以国家在很多方面对其都有严格规定，如民营银行在网点设置、同行拆借、发行债券都受到

① 工信部中小企业局负责人在广州举行的第十四届中国中小企业高峰论坛的讲话。

限制，与大型商业银行差异化对待。这一方面有利于稳定金融市场，控制风险；另一方面也限制了民营银行快速发展。

建议设置一套指标体系，定期对民营银行进行考核。一是通过考核机制，引导民营银行“不忘初心”，在负债成本上升、优质资产缺乏、小微企业不良率攀升的背景下，仍然能坚持特色化发展战略，不走同质化竞争老路，更好地为小微企业服务。二是将考核结果作为对民营银行政策支持的重要依据。将小微企业贷款户数、小微企业贷款金额等作为重要考核指标，考核结果作为增设分支机构、允许发债、享受税收优惠的重要参考。

第三节　小额贷款公司服务小微企业发展研究

一、现状

为了有效配置金融资源，引导资金流向农村和欠发达地区，改善农村地区金融服务，推动中小企业全面发展，国家批准成立小额贷款公司。2005 年，国家率先在山西、四川、贵州、内蒙古、陕西开启小额贷款公司试点工作；2008 年，银监会颁布了《关于小额贷款公司试点的指导意见》，标志着在全国范围内小额贷款公司试点工作的开展；随后，《关于全面改革扶贫贴息贷款管理体制的通知》《贷款公司组建审批工作指引》相继出台，进一步加强对小贷公司的业务行为的规范化管理。经过十余年的不断探索，小额贷款公司机构数量平稳增长，贷款余额稳步上升，逐步由探索期过渡到成熟期，在服务小微企业方面发挥了积极作用。

（一）由飞速发展期进入平稳增长期，资本实力不断增强

2010—2015 年是小额贷款公司的飞速发展期，机构数量从 2614 家猛增到 9000 多家，小额贷款公司如雨后春笋般，迅速覆盖全国。小额贷款公司的快速发展的同时，老板跑路、资金不足等金融风险事件也频频爆出。为了控制风险，敦促小额贷款公司做精做优、走精细化发展道路，审批机构加强审批，严控小额贷款公司总体数量，随后，小额贷款公司经历了飞速发展期，进入

了平稳增长期。

表8－3　2010—2017年小额贷款公司数量

时　间	机构数量
2010年12月	2614
2011年3月	3027
2011年6月	3366
2011年9月	3791
2011年12月	4282
2012年3月	4878
2012年6月	5267
2012年9月	5629
2012年12月	6080
2013年3月	6555
2013年6月	7086
2013年9月	7398
2013年12月	7839
2014年3月	8127
2014年6月	8394
2014年9月	8591
2014年12月	8791
2015年3月	8922
2015年6月	8951
2015年9月	8965
2015年12月	8910
2016年3月	8867
2016年6月	8810
2016年9月	8741
2016年12月	8673
2017年3月	8665
2017年6月	8643
2017年9月	8610
2017年12月	8551

资料来源：赛迪智库中小企业所整理。

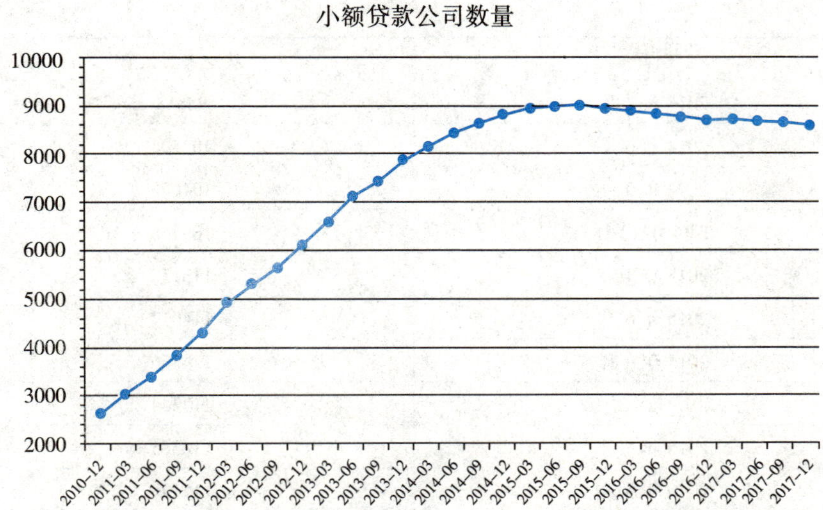

图 8－3　东部、中部、西部、东北地区小额贷款公司数量走势图

资料来源：赛迪智库中小企业所整理。

与小额贷款公司机构数量一致，其就业人员也经历了飞速发展期与平稳增长期，目前就业人数已超过 10 万，小额贷款公司在吸纳就业、推动社会稳定方面发挥了积极作用。

表 8－4　2010—2017 年小额贷款公司从业人员数量

时间	从业人员数量
2010 年 12 月	27884
2011 年 3 月	32097
2011 年 6 月	35626
2011 年 9 月	40366
2011 年 12 月	47088
2012 年 3 月	53501
2012 年 6 月	58441
2012 年 9 月	62348
2012 年 12 月	70343
2013 年 3 月	75481
2013 年 6 月	82610
2013 年 9 月	86273
2013 年 12 月	95136

续表

时间	从业人员数量
2014 年 3 月	98888
2014 年 6 月	102405
2014 年 9 月	104656
2014 年 12 月	109948
2015 年 3 月	113118
2015 年 6 月	114017
2015 年 9 月	114276
2015 年 12 月	117344
2016 年 3 月	116365
2016 年 6 月	115199
2016 年 9 月	112646
2016 年 12	108881
2017 年 3 月	109078
2017 年 6 月	108128
2017 年 9 月	107241
2017 年 12 月	103988

资料来源：赛迪智库中小企业所整理。

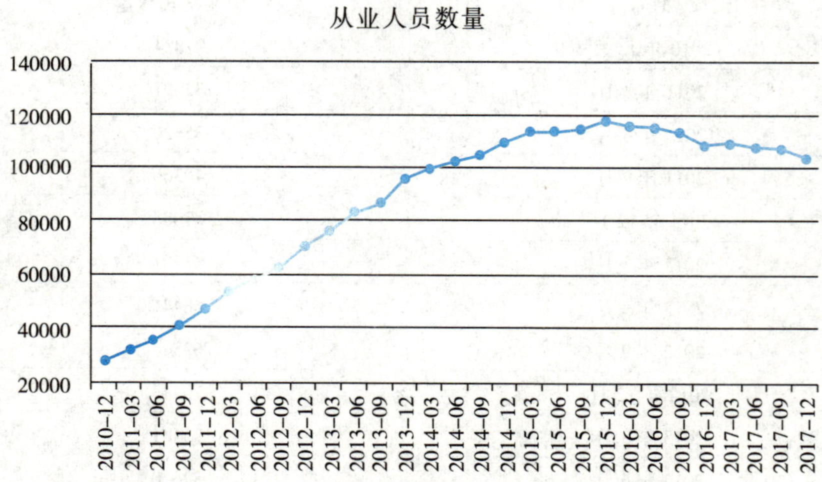

图 8-4　2010—2017 年小额贷款公司从业人员数量

资料来源：赛迪智库中小企业所整理。

实收资本是反映小额贷款公司经营实力及发展前景的重要指标，截至2017年9月，全国小额贷款公司实收资本总数为8259亿元，是2010年的4.64倍，平均实收资本也由2010年的0.681亿元小额贷款增长到0.959亿元小额贷款，小额贷款公司实力大增。

表8-5 2010—2017年小额贷款公司实收资本

时间	实收资本总量（亿元）	平均实收资本（亿元）
2010年12月	1781	0.681
2011年3月	2141	0.707
2011年6月	2464	0.732
2011年9月	2824	0.745
2011年12月	3319	0.775
2012年3月	3871	0.794
2012年6月	4257	0.808
2012年9月	4657	0.827
2012年12月	5147	0.847
2013年3月	5672	0.865
2013年6月	6252	0.882
2013年9月	6659	0.900
2013年12月	7133	0.910
2014年3月	7494	0.922
2014年6月	7857	0.936
2014年9月	8071	0.939
2014年12月	8283	0.942
2015年3月	8392	0.941
2015年6月	8443	0.943
2015年9月	8460	0.944
2015年12月	8459	0.949
2016年3月	8425	0.950
2016年6月	8379	0.951
2016年9月	8307	0.950
2016年12月	8234	0.949
2017年3月	8234	0.950
2017年6月	8271	0.957
2017年9月	8259	0.959
2017年12月	8270	0.967

资料来源：赛迪智库中小企业所整理。

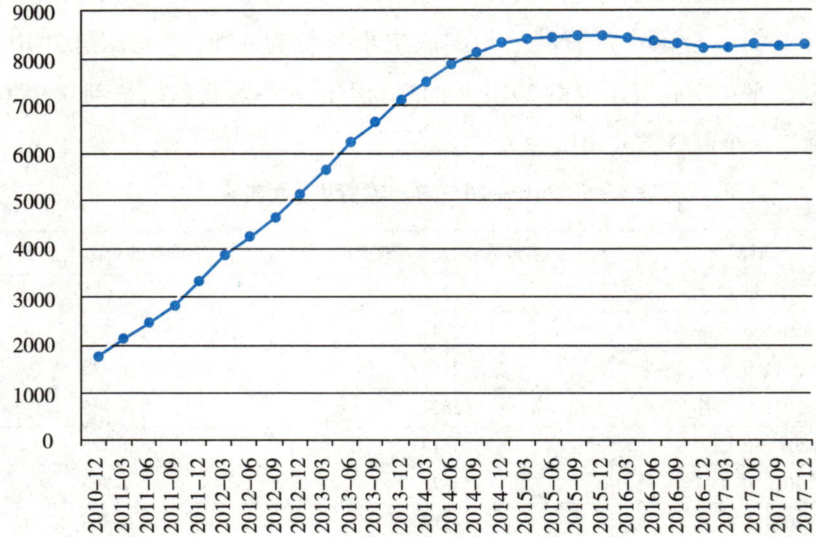

图 8－5　2010—2017 年小额贷款公司实收资本

资料来源：赛迪智库中小企业所整理。

（二）贷款余额平稳上升，服务小微企业作用持续释放

截至 2017 年 9 月末，小额贷款公司贷款余额共 9704 亿元，是 2010 年的 4.91 倍，小额贷款公司在缓解小微企业融资难方面的作用持续发挥。

表 8－6　2010—2017 年小额贷款公司贷款余额

时　间	贷款余额（亿元）
2010 年 12 月	1975
2011 年 3 月	2408
2011 年 6 月	2875
2011 年 9 月	3359
2011 年 12 月	3915
2012 年 3 月	4447
2012 年 6 月	4893
2012 年 9 月	5330
2012 年 12 月	5921
2013 年 3 月	6357
2013 年 6 月	7043
2013 年 9 月	7535

续表

时　间	贷款余额（亿元）
2013 年 12 月	8191
2014 年 3 月	8444
2014 年 6 月	8811
2014 年 9 月	9079
2014 年 12 月	9420
2015 年 3 月	9454
2015 年 6 月	9594
2015 年 9 月	9508
2015 年 12	9412
2016 年 3 月	9380
2016 年 6 月	9364
2016 年 9 月	9293
2016 年 12 月	9273
2017 年 3 月	9377
2017 年 6 月	9608
2017 年 9 月	9704
2017 年 12 月	9799

资料来源：赛迪智库中小企业所整理。

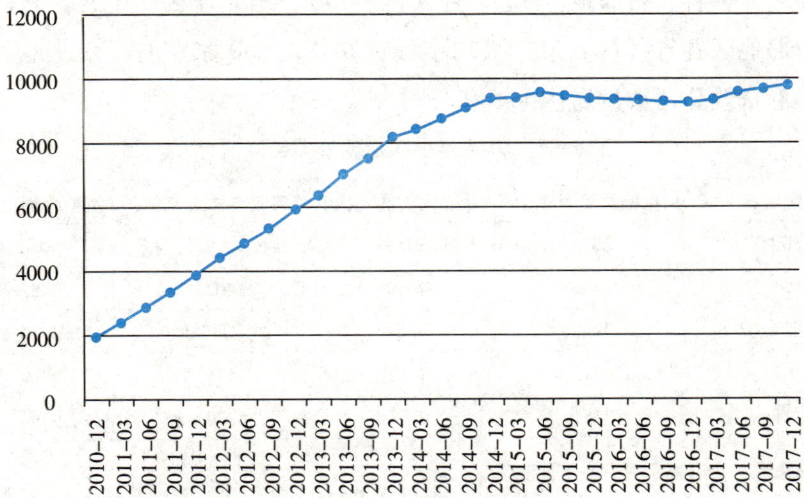

图 8 –6　2010—2017 年小额贷款公司贷款余额

资料来源：赛迪智库中小企业所整理。

二、存在的问题

（一）资金来源渠道单一，服务小微企业成本较高

小额贷款公司不同于存款类金融机构，只允许发放贷款而不能吸收存款。按照《指导意见》规定，小额贷款公司只能向不超过两家商业银行融资，融资比例不得超过资本净值的50%，即1.5倍的财务杠杆比例①。由此可见，小额贷款公司资金来源主要依靠股东缴纳的资本金，依靠自有资本金进行发放贷款，从银行获得的资金有限。尽管这种模式对于阻止非法集资和变相吸存的违法现象发生发挥了积极作用，但同时也抑制了小贷公司资金来源渠道的扩充。

同时，受制于资金渠道不通畅、资金少等因素，小贷公司放贷成本较高。据调查，小额贷款公司向企业发放贷款的利率必须高于18%保证不亏损，高于一般企业贷款利率，小额贷款公司服务小微企业成本依然较高。

（二）地区发展差距大，东中西部地区发展失衡

从机构数量方面看，我国西部地区小额贷款公司的机构数量最多，占比34%，高于其他地区；按照目前的行政区域划分，东部地区10个省（市）、中部地区6个省、西部地区12个省（区、市）、东北地区3个省，东部、中部、西部地区各省（区、市）平均小额贷款公司250家左右，东北地区平均各省小额贷款公司数量高达444家。

表8－7　2017年小额贷款公司整体情况

地区名称	机构数量（家）	从业人员数（人）	实收资本（亿元）	贷款余额（亿元）
东部地区	2679	35560	3509.87	4058.34
中部地区	1626	19901	1403.48	1497.65
西部地区	2913	36577	2715.8	3710.04
东北地区	1333	11950	641.2	533.48
总计	8551	103988	8270.35	9799.51

资料来源：赛迪智库中小企业所整理。

① 《银监会央行发布关于小额贷款公司试点的指导意见》（银监发〔2008〕23号）。

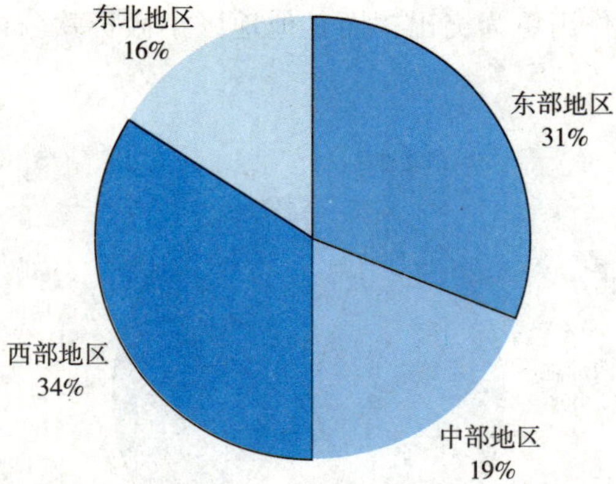

图 8-7　2017 年小额贷款公司机构数量地区分布

资料来源：赛迪智库中小企业所整理。

从实收资本总额来看，东部占比高达 42%，中部地区占比 17%，西部地区占比 33%，东北地区占比 8%；从各小额贷款公司平均值来看，东部地区各小额贷款公司实收资本高达 1.31 亿元，中部地区 0.86 亿元，西部地区 0.93 亿元，东北地区 0.48 亿元，表明东部地区小额贷款公司经营实力、资金实力远高于中西部与东北三省。

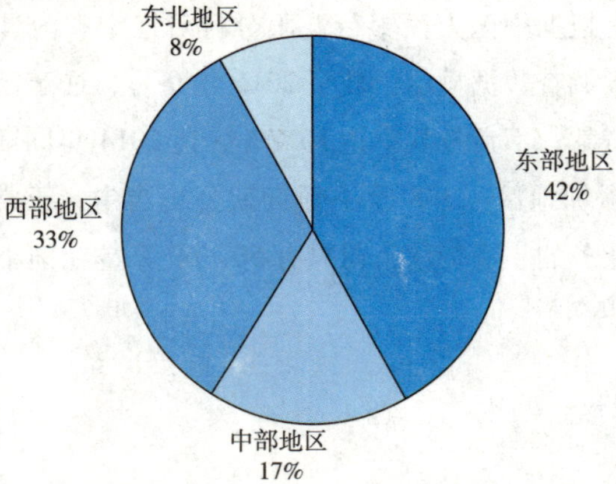

图 8-8　2017 年小额贷款公司实收资本地区分布

资料来源：赛迪智库中小企业所整理。

从贷款余额总额来看，东部地区贷款余额占比 41%；中部地区占比 15%，西部地区占比 38%，东北地区占比 6%；从各小额贷款公司平均贷款余额来看，东部地区各小额贷款公司贷款余额高达 1.51 亿元，中部地区 0.92 亿元，西部地区 1.27 亿元，东北地区 0.4 亿元，反映出东部小额贷款公司支持中小企业发挥的作用更为突出，而其他地区小额贷款公司支持中小企业的力度亟须加强。

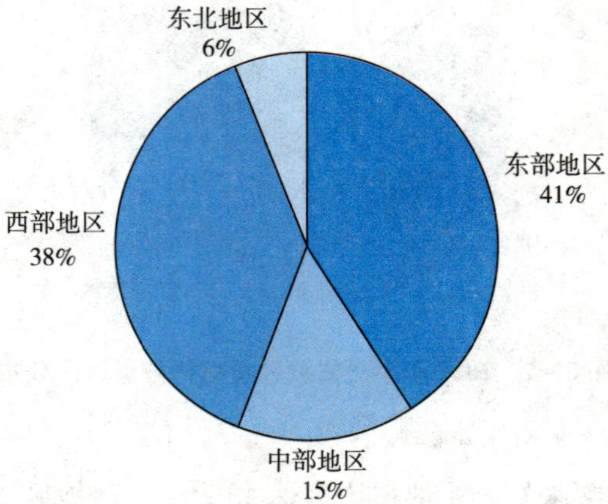

图8－9　2017年小额贷款公司贷款余额地区分布

资料来源：赛迪智库中小企业所整理。

（三）风险预警机制缺乏，经营风险时有发生

由于风险预警机制不健全，小额贷款公司经营风险逐步显现，违约贷款现象发时有发生。根据中国人民银行沈阳分行对辽宁省内具有代表性的小额贷款公司进行问卷调查数据显示，截至2015年9月，辽宁已有152家小额贷款公司出现不良贷款，不良贷款率达10.7%，比2014年同期增加3.1个百分点。广东（不含深圳地区）378家小额贷款公司当中，正常经营的不到100家，而仍有增量业务的小额贷款公司只有50—60家，个别小贷公司不良贷款率甚至超过50%①。

三、政策建议

（一）明确小额贷款公司金融机构性质，授予金融机构牌照

《金融许可证管理办法》规定：金融机构包括政策性银行、商业银行、农村合作银行、城市信用社、农村信用社、村镇银行、贷款公司、农村资金互助社、金融资产管理公司等；《金融业企业划型标准规定》规定：非货币银行

① http：//www.brjr.com.cn/thread－464049－1－1.html.

服务类金融业企业分为银行业非存款类金融机构，贷款公司、小额贷款公司及典当行。国家多项政策条款表明，小额贷款公司属于金融业务企业，但是实际运行过程中，小额贷款公司并未获得银监会颁发的金融机构经营许可证，主要由地方金融办统一进行审批和管理，税收按一般服务型工商企业标准缴纳，不能享受国家给予的新兴金融机构定向补贴。建议国家出台相关政策法律，进一步明确小额贷款公司的金融机构属性，将其纳入金融机构的范畴，授予其金融机构经营许可证，使其享受到金融机构的税收等优惠政策，便利小额贷款公司快速发展，更好地为小微企业服务。

（二）加大对中西部地区政策倾斜，促进均衡发展

中西部地区经济基础较为薄弱，财政支持力度相对不足，政策落实力度不够，整体增长速度较慢。与之形成对比的是，东部地区经济较为发达，小额贷款公司数量多，管理经验较为丰富，建议国家鼓励东部地区资金实力强、经营状况好的小额贷款公司在中西部地区设立分支机构或子公司，向中西部地区传授先进的经营经验、技术水平，从而实现均衡发展。同时，国家继续加大对于中西部地区的政策倾斜，一方面设立财政专项资金通过业务补贴、增量奖励、坏账损失补贴等方式给予小额贷款公司支持；另一方面加大对中西部地区小微企业金融机构的税收支持力度，鼓励中西部地区积极成立信贷机构，增加信贷供给，减少地区发展不平衡。

（三）多层次、多渠道推动小额贷款公司全面发展

随着国家对普惠金融的重视，各大商业银行对中小企业贷款的重视程度日渐提升，且随着 P2P 平台的快速网站，资金来源单一、放贷额度受限的小额贷款公司市场被进一步瓜分，亟待探索新道路，实现全面发展。除了国家层面的宏观支持，省级层面更应该结合实际情况制定精准化的支持政策，如加强顶层设计，研究设立小额信贷基金或小额再贷款公司，以基金（再贷款）的名义申请金融机构贷款，可以有效降低贷款成本，同时加强风险控制；引导小额贷款公司与互联网金融开展合作，充分利用互联网市场充裕的资金、科技技术，助力小贷公司突破杠杆率与地域等多方面的限制；与征信机构合作，通过技术手段提升信用风险管理能力；鼓励综合实力较强的小额贷款公司上市挂牌交易，通过股权融资来缓解后续资金匮乏的问题。

政 策 篇

第九章　2017年促进中小企业发展的政策环境

伴随着新修订的《中小企业促进法》开始实施，以及创业创新、商事制度改革等一系列措施不断出台，我国中小企业发展的政策环境不断优化，各类市场主体均保持较快增长速度，创业投资氛围浓厚。本章从中小企业整体促进、创业创新、融资担保、财税支持、国际化、公共服务平台六个方面，对2017年度各部门出台的各类中小企业扶持政策进行梳理，以帮助读者系统了解当前中小企业面临的政策环境。

第一节　中小企业整体发展环境优化政策

首先，修订新促进法，系统优化中小企业发展环境。2018年1月1日，新修订的《中小企业促进法》开始实施，新法坚持问题导向，立足我国中小企业实际情况，在财税支持、融资促进、创业扶持、市场开拓、权益保护等方面增加了具体措施，将实践中行之有效的政策和做法上升为法律，着力解决中小企业面临的负担重、融资难等突出问题，回应中小企业诉求和呼声，让中小企业有获得感，系统优化中小企业经营环境，促进中小企业持续健康发展。

其次，加强宣传引导，积极营造有利于中小企业发展的氛围。2017年6月21日，工信部办公厅发布了《关于组织开展首个“中小微企业日”宣传活动的通知》（工厅企业〔2017〕587号），决定在联合国确定的首个“中小微企业日”（6月27日）开展宣传活动，大力宣传党的十八大以来党中央、国务院关于促进中小微企业健康发展的一系列扶持政策，宣传各地方政府推动中小微企业发展的经验做法和出台的扶持政策，以及中小微企业在促进国民经济和社会发展中的地位和作用等，努力营造促进中小微企业发展的良好氛围，推动各项惠企政策落到实处。

最后，提升经营管理能力，培养领军人才。2017 年 7 月 4 日，工信部办公厅发布了《做好 2017—2018 年度中小企业经营管理领军人才培训工作的通知》（工信厅企业函〔2017〕376 号），针对成长性好、创新能力强、在区域或行业中处于龙头骨干地位的中小企业经营管理者、发展潜力大的初创小微企业经营管理者开展领军人才培训，计划在 2017—2018 年度培训中小企业经营管理领军人才不少于 1000 名，其中，来自制造业企业的学员不少于 30%，培训周期为一年，着力提升中小企业经营管理者的综合素质。

第二节　创业创新政策

一、推动科技型中小企业创新

首先，提高科技型中小企业研发费用加计扣除比例。2017 年 5 月 3 日，科技部、财政部、国税总局发布了《关于印发〈科技型中小企业评价办法〉的通知》（国科发政〔2017〕115 号〉），进一步提高科技型中小企业的研发费用加计扣除比例，规定在 2017 年 1 月 1 日至 2019 年 12 月 31 日期间发生的研发费用：（1）未形成无形资产计入当期损益，在按规定据实扣除的基础上，再按照实际发生额的 75% 在税前加计扣除；（2）若已形成无形资产，按照无形资产成本的 175% 在税前摊销。

其次，加快培育“专精特新”中小企业。2017 年 2 月 3 日，工信部办公厅发布了《关于请报送“专精特新”中小企业有关信息的通知》（工信厅企业函〔2017〕56 号），对“专精特新”中小企业信息进行汇总，了解“专精特新”中小企业的政策需求，包括融资需求、军民融合发展需求、智能制造和转型升级改造等内容等，加大对“专精特新”中小企业的宣传扶持力度。

二、加快发展创业投融资

首先，推动创业投融资全方位发展。为了充分发挥国家新兴产业创业投资引导基金、中小企业发展基金的作用，推动创业投融资的健康发展，2017年6月21日，国务院办公厅发布了《关于建设第二批大众创业万众创新示范基地的实施意见》(国办发〔2017〕54号)。意见中指出，引导和规范政府设立的创业投资引导基金，建立完善的引导基金运行监管机制、财政资金绩效考核机制、信用信息评价机制；加快建设创业投资领域信用体系，实现创业投资领域信用记录全覆盖；支持双创示范基地按照相关规定和程序开展投贷联动、专利质押融资贷款等金融改革试点；落实好创业担保贷款政策，推行信贷尽职免责制度，鼓励金融和担保机构依托信用信息，科学评估创业者还款能力，改进风险防控、降低反担保要求、健全代偿机制；研究建立促进国有企业、国有资本从事创业投资的容错机制。

其次，推动面向中小微企业的科技金融创新。2017年9月7日，国务院办公厅发布了《关于推广支持创新相关改革举措的通知》(国办发〔2017〕80号)，对面向中小企业的3项科技金融创新进行推广：一是以关联企业从产业链核心龙头企业获得的应收账款为质押的融资服务。以从核心龙头企业获得的应收账款为质押，为关联产业链的大企业、供应商中小微企业提供融资服务；二是面向中小企业的一站式投融资信息服务。要构建物理载体和信息载体，通过政府引导、民间参与、市场化运作，搭建债权融资服务、股权融资服务、增值服务三大信息服务体系，加强科技与金融融合，为中小企业提供全方位、一站式投融资信息服务；三是贷款、保险、财政风险补偿捆绑的专利权质押融资服务。金融机构、地方政府等要依法按市场化方式，自主选择性地建立"贷款+保险保障+财政风险补偿"的专利权质押融资新模式，为中小企业专利贷款提供保证保险服务。

最后，公司制创投企业、有限合伙制创投企业法人合伙人、天使投资人投资初创科技型企业按比例抵扣应纳税所得额。2017年5月22日，国税总局发布了《关于创业投资企业和天使投资个人税收试点政策有关问题的公告》(国税总局公告2017年第20号)，公告中指出：(1)若公司制创投企业采取股权投资方式直接投资于种子期、初创期科技型企业已满2年，可按照投资额的70%在股权持有满2年的当年抵扣该公司制创业投资企业的应纳税所得额。当年不足抵扣的，可以在以后纳税年度结转抵扣；(2)若有限合伙制创投企业采取股权投资方式直接投资于初创科技型企业已满2年，可按照对初创科技型企业投资额的70%抵扣该法人合伙人从合伙创投企业分得的所得。当年不足抵扣的，可以在以后纳税年度结转抵扣；（3）若天使投资个人采取股权投资方式直接投资于初创科技型企业已满2年，可按照投资额的70%抵扣转让该初创科技型企业股权取得的应纳税所得额。当期不足抵扣的，可以在以后取得转让该初创科技型企业股权的应纳税所得额时结转抵扣。

三、推动创业服务网络建设

首先，推动“双创”示范基地建设。2017年6月21日，国务院办公厅发布了《关于建设第二批大众创业万众创新示范基地的实施意见》（国办发〔2017〕54号），决定在部分地区、高校和科研院所以及部分企业建设第二批双创示范基地。发文中提出了12条实施意见，包括深化“放管服”改革、优化营商环境、支持新兴业态发展、加强知识产权保护、加快科技成果转化应用等。

其次，推动制造业“双创”平台建设。2017年8月14日，工信部印发了《制造业“双创”平台培育三年行动计划》（工信部信软〔2017〕194号），发文指出，要把大企业作为制造业“双创”平台建设的主导力量，充分发挥大企业在资金、技术、人才、市场等方面的优势，带动中小企业积极进行创业创新，形成大企业顶天立地、小企业铺天盖地的新格局。针对不同行业制造业“双创”平台基础、功能和水平差异，完善推进机制和政策体系。

四、培养创业人才

首先，推动中小企业与高校毕业生的对接。2017年2月23日，工信部办公厅、教育部办公厅联合发布《两部门关于开展2017年中小企业与高校毕业生创业就业对接服务工作的通知》（工信厅联企业函〔2017〕100号），要求各地中小企业主管部门和高校毕业生就业工作部门要围绕政策服务、创业服务、融资服务、培训服务等方面，整合各类服务资源，整合中小企业、高校毕业生资源，依托各类中小企业与高校毕业生创业就业对接服务窗口，为高校毕业生和创业者提供一站式服务。同时，积极推动和举办创业大赛等创业活动，充分利用好各类资金和基金资源予以支持，并提供技术成果转化、孵化场地、培训辅导等全方位服务。

其次，举办“创客中国”创新创业大赛，发掘培育“双创”优秀项目和优秀团队。2017 年 12 月 4 日，工业和信息化部发布了《关于举办 2018 年“创客中国”创新创业大赛的通知》（工信部企业函〔2017〕552 号），将在 2018 年 10 月广州市举办“创客中国”大赛，省级中小企业主管部门依托大赛官网，负责本区域内参赛项目审查，并进行项目推荐。获奖项目可获得以下支持：（1）参加各种展览展示及推广活动；（2）向大赛合作的投资基金、创业投资机构推荐，进行投融对接，争取投资支持；（3）向大赛合作的银行机构推荐，争取贷款支持；（4）入驻国家新型工业化产业示范基地、国家小型微型企业创业创新示范基地、产业小镇，享受最新创业扶植政策和创业孵化服务，加速实现产业化；（5）提供“创客中国”平台上的云计算、大数据和法律、人力资源、财务、知识产权等服务；（6）安排创业导师、投资、管理和技术专家进行辅导和培训。

五、促进重点群体创业就业

2017 年，国税局、人社部等部门发文，对吸纳重点群体就业的企业进行多项税收扣减。6 月 29 日，国税总局、财政部、人社部、教育部、民政部联合发布了《关于继续实施支持和促进重点群体创业就业有关税收政策具体操作问题的公告》（国税总局公告 2017 年第 27 号），公告中指出，对于商贸企业、服务型企业、劳动就业服务企业中的加工型企业，以及对于街道社区中具有加工性质的小型企业实体，在 3 年内可以按实际招用人数予以定额依次扣减增值税、城市维护建设税、教育费附加、地方教育附加和企业所得税。定额标准为每人每年 4000 元，最高可上浮 30%。政策执行期限为 2017 年 1 月 1 日至 2019 年 12 月 31 日。若 2019 年 12 月 31 日未享受满 3 年，可继续享受至 3 年期满为止。

第三节　融资担保政策

第一，发展等多层次资本市场，扩大直接投融资渠道。2017 年 3 月 16

日，国务院办公厅发布了《关于进一步激发社会领域投资活力的意见》（国办发〔2017〕21号），发文中指出，发挥行业协会、开发区、孵化器的沟通桥梁作用，加强与资本市场对接，引导企业有效利用主板、中小板、创业板、新三板、区域性股权交易市场等多层次资本市场进行直接融资。

第二，发展应收账款融资等供应链金融模式，推动供应链金融服务实体经济。2017年10月5日，国务院办公厅发布了《关于积极推进供应链创新与应用的指导意见》（国办发〔2017〕84号），发文中指出，鼓励商业银行、供应链核心企业等建立供应链金融服务平台，为供应链上下游的中小微企业提供高效、便捷的融资渠道；鼓励供应链核心企业、金融机构与应收账款融资服务平台（该平台为人民银行征信中心建设）对接，发展线上应收账款融资等供应链金融模式。

第三，进一步推动"银税互动"工作，推动企业、银行、税务三方共同破解融资难题。2017年5月4日，国税总局、银监会联合发布了《关于进一步推动"银税互动"工作的通知》（税总发〔2017〕56号），进一步巩固"银税互动"成果，充分发挥政务信息共享的叠加效应，缓解中小企业融资难题。发文规定：一是完善完善银税合作机制。推动工作重心下沉，充分发挥联席会议作用；二是加大银税信息交流力度。扩大纳税信用信息主动推送范围，丰富银税信息互换内容，推动合作渠道多样化；三是推动银税合作创新。拓展"银税互动"受惠面，加大信贷产品创新力度，深化银税合作领域；四是加强配套机制建设。加强银税互动信息安全，加大"银税互动"宣传力度。

第四，开展小微企业融资成本调查，及时准确把握小微企业融资成本。2017年5月8日，工信部办公厅发布了《关于开展小微企业融资成本调查的通知》（工厅企业〔2017〕428号），对全国小微企业融资成本进行问卷调研，及时准确把握小微企业的融资成本水平、成本构成等情况，分析融资贵的主要原因，提出相关的政策建议。

第五，开展金融知识普及教育活动，提高小微企业金融知识储备和融资能力。2017年9月6日，工信部发布了《关于开展小微企业金融知识普及教育活动的通知》（工信部企业函〔2017〕381号），从小微企业融资需求出发，根据小微企业成长规律，按照种子期、初创期、成长期三个阶段，分别介绍在不同阶段需要掌握的金融基础知识，提高小微企业金融知识储备和融资能力。

第六，完善债权、股权等融资服务机制，为科技型中小企业提供覆盖全生命周期的投融资服务。2017 年 7 月 27 日，国务院发布了《关于强化实施创新驱动发展战略进一步推进大众创业万众创新深入发展的意见》（国发〔2017〕37 号)，发文中指出，稳妥推进投贷联动试点工作，推广专利权质押等知识产权融资模式，鼓励保险公司为科技型中小企业知识产权融资提供保证保险服务，对符合条件的由地方各级人民政府提供风险补偿或保费补贴。持续优化科技型中小企业直接融资机制，稳步扩大创新创业公司债券试点规模。支持政府性融资担保机构为科技型中小企业发债提供担保。鼓励地方各级人民政府建立政银担、政银保等不同类型的风险补偿机制。

第七，加强融资担保公司监督管理，规范融资担保公司的行为。2017 年 10 月 1 日起，《融资担保公司监督管理条例》开始实施，《条例》内容共计六章、四十九条，包括总则，设立、变更和终止、经营规则、监督管理、法律责任等，为融资担保监管与发展提供了法律保障。它确立了融资担保行业的地位，明确了设立融资担保公司的条件，完善了融资担保公司经营规则，明确了监督管理部门的权责，对推动普惠金融发展具有重大意义。

第四节　财税支持政策

第一，对小型微利企业减免企业所得税。2017 年 6 月 6 日，财政部、国税总局联合发布了《关于扩大小型微利企业所得税优惠政策范围的通知》(财税〔2017〕43 号)，发文中规定，小型微利企业的年应纳税所得额上限由 30 万元提高至 50 万元。此外，对年应纳税所得额低于 50 万元（含 50 万元）的小型微利企业，其所得减按 50% 计入应纳税所得额，按 20% 的税率缴纳企业所得税。政策执行期限为 2017 年 1 月 1 日至 2019 年 12 月 31 日。

第二，对增值税小规模纳税人免征增值税。2017 年 10 月 20 日，财政部、国税总局联合发布了《关于延续小微企业增值税政策的通知》（财税〔2017〕76 号)，发文规定，继续对月销售额 2 万元（含本数）至 3 万元的增值税小规模纳税人免征增值税，政策执行期限为2018年1月1日至2020年12月31日。

第三，对金融机构向农户、小型企业、微型企业及个体工商户发放小额贷款取得的利息收入免征增值税。2017年10月26日，财政部、国税总局联合发布了《关于支持小微企业融资有关税收政策的通知》（财税〔2017〕77号），发文规定，对金融机构向农户、小微企业及个体工商户发放小额贷款取得的利息收入免征增值税。金融机构应将相关免税证明材料留存备查，单独核算符合免税条件的小额贷款利息收入，并按现行规定向主管税务机构办理纳税申报；未单独核算的，不得免征增值税。同时，财政部、国税总局联合发布的《关于延续支持农村金融发展有关税收政策的通知》（财税〔2017〕44号）中的第一条相应废止。政策执行期限为2017年12月1日至2019年12月31日。

第四，金融机构与小型企业、微型企业签订的借款合同免征印花税。《关于支持小微企业融资有关税收政策的通知》（财税〔2017〕77号）中也规定，自2018年1月1日至2020年12月31日，对金融机构与小型企业、微型企业签订的借款合同免征印花税。

第五节 国际化扶持政策

首先，开展“一带一路”建设专项行动，支持中小企业技术、品牌、营销、服务“走出去”。2017年8月4日，工信部、中国国际贸易促进委员会联合发布了《关于开展支持中小企业参与“一带一路”建设专项行动的通知》（工信部联企业〔2017〕191号），以“一带一路”建设为统领，深化我国中小企业与沿线各国在贸易投资、科技创新、产能合作、基础设施建设等领域的交流与合作，构建和完善支持中小企业国际化发展的服务体系。

其次，推动企业参加APEC技展会，提升国际竞争力。2017年11月14日，工信部办公厅发布了《关于举办第十届APEC中小企业技术交流暨展览会的通知》（工信厅企业函〔2017〕582号），要求各地中小企业主管部门、有关行业协会等积极支持APEC技展会的各项工作，推荐符合展会要求的优秀、创新型、高成长性中小企业参加2018年6月27日至29日在辽宁省沈阳市举办的第十届APEC技展会，推动中小企业转型升级和国际市场开拓。

第六节 公共服务平台政策

首先，对国家中小企业公共服务示范平台进行认定管理。2017年7月5日，工信部发布了《关于印发〈国家中小企业公共服务示范平台认定管理办法〉的通知》（工信部企业〔2017〕156号），对国家中小企业公共服务示范平台设置了认定条件、认定程序等，进行统一的认定管理，对示范平台予以重点扶持，并支持技术类示范平台申报进口科学研究、科技开发和教学用品免税资格，享受有关税收优惠政策（如支持科技创新进口税收政策）。

其次，推动中小企业公共服务平台网络有效运营。依托线上和线下相结合的平台开展公共服务，是促进中小企业健康发展的重要载体和抓手。2017年7月26日，工信部、财政部联合发布了《两部委关于推动中小企业公共服务平台网络有效运营的指导意见》（工信部联企业〔2017〕187号），对平台网络的定位与职责、重点任务进行了规范。发文明确规定：（1）公务服务平台网络应当以中小企业需求为导向，以向中小企业提供公益性服务和增值性服务为主要内容，以线上线下相结合的平台为依托，广泛集聚和共享服务资源，提高服务能力；（2）省级中小企业主管部门要通过政策引导、资源统筹、制度建立、任务委托、运营监督等方式，推动平台网络互联互通、信息共享、服务协同、运作规范，为中小企业提供找得着、用得起、有保证的服务；（3）省平台要发挥枢纽作用、集聚作用、带动作用，建立和完善统一的服务规范，通过协议联合、招标、提供服务项目机会等形式，组织带动优质服务资源和服务项目，积极汇集和宣传政府服务信息和方针政策，服务政府、服务企业、服务窗口平台；（4）窗口平台应当以满足企业需求、做好贴身服务为宗旨，充分发挥贴近企业、了解需求的优势，自主开展并配合省平台做好服务需求调研，及时向省平台传递服务需求，并依据服务需求开发服务产品，组织服务机构开展精准服务，接受省平台运营服务机构的业务统筹。

最后，制定中小企业公共服务规范评价指标。2017 年 10 月 17 日，工信部办公厅印发了《关于印发〈中小企业公共服务规范评价指标（试行）〉的通知》，通过服务目标对服务过程和质量进行评价，完善中小企业公共服务管理评价体系，促进服务程序和过程的规范，改善公共服务环境。

第十章　2017年我国中小企业重点政策解析

第一节　《国务院办公厅关于加快推进“多证合一”改革的指导意见》

一、出台背景

自2014年商事制度改革实施以来，政府行政服务效率得到有效提升的同时，企业创设成本也相应有所下降，这在一定程度上激发了市场活力和社会创新力。经过3年多相关商事制度改革政策的不断实施，成效显著。注册过程的便利促使更多新企业创立。自2014年3月1日至2017年2月，全国累计新登记企业1374万户，是改革前八年新登记企业数的总和，平均每天新登记企业1.25万户，较改革前增长82.8%。李克强总理在国务院常务会议上对“多证合一”改革做出了重要指示，要求将更多涉企证照与营业执照整合，进行“多证合一、一照一码”试点。按照李克强总理要求和国务院的部署，工商总局会同中央编办、国务院职能转变办、发改委、财政部、国务院法制办等部门在调研论证的基础上起草了《关于加快推进“多证合一”改革的指导意见》(下称《意见》)，4月26日国务院常务会议审议并通过了《意见》。

二、具体措施

《意见》主要从全面落实“多证合一”、简化企业准入手续、完善工作流程、推进“互联网+政务服务”等几个方面提出具体措施，例如将信息采集、记载公示、管理备查类的一般经营项目涉企证照事项等进一步整合到营业执照上，实行“多证合一、一照一码”等，详见表10－1。

表10－1 具体措施整理表

针对的方面	具体措施
全面落实“多证合一”	将信息采集、记载公示、管理备查类的一般经营项目涉企证照事项，以及企业登记信息能够满足政府部门管理需要的涉企证照事项，进一步整合到营业执照上，被整合证照不再发放，实行“多证合一、一照一码”
	对于市场机制能够有效调节、企业能够自主管理的事项以及可以通过加强事中事后监管达到原设定涉企证照事项目的的，要逐步取消或改为备案管理
	对于关系公共安全、经济安全、生态安全、生产安全、意识形态安全的涉企证照事项继续予以保留，要实行准入清单管理
	对于没有法律法规依据、非按法定程序设定的涉企证照事项一律取消
简化企业准入手续	坚持互联互通与数据共享相结合，大力推进信息共享，能向社会公开的尽量公开
	依托已有设施资源和政府统一数据共享交换平台，进一步完善省级信用信息共享平台、国家企业信用信息公示系统、部门间的数据接口，在更大范围、更深层次实现部门间企业基础信息和相关信用信息共享、业务协同
	加快制定政府数据资源共享目录体系和管理办法，建立区域内统一标准的市场主体信息库，构建统一高效、互联互通、安全可靠的政府数据资源体系
	通过信息共享获取的信息和前序流程已收取的材料，不得要求企业和群众重复提交；凡是能通过网络核验的信息，不得要求其他单位和申请人重复提交；凡是应由行政机关及相关机构调查核实的信息，由部门自行核实，实现相同信息“一次采集、一档管理”，避免让企业重复登记、重复提交材料
完善工作流程	全面实行“一套材料、一表登记、一窗受理”的工作模式，申请人办理企业注册登记时只需填写“一张表格”，向“一个窗口”提交“一套材料”
	登记部门直接核发加载统一社会信用代码的营业执照，相关信息在国家企业信用信息公示系统公示，并及时归集至全国信用信息共享平台
	已按照“五证合一”登记模式领取加载统一社会信用代码营业执照的企业，不需要重新申请办理“多证合一”登记，由登记机关将相关登记信息通过全国信用信息共享平台共享给被整合证照涉及的相关部门
	企业原证照有效期满、申请变更登记或者申请换发营业执照的，由登记机关换发加载统一社会信用代码的营业执照

续表

针对的方面	具体措施
推进"互联网+政务服务"	坚持优化政务服务与推进"互联网+"相结合，优化审批流程，提高审批效率，提升透明度和可预期性
	加快一体化网上政务服务平台建设，打造"互联网+"模式下方便快捷、公平普惠、优质高效的政务服务体系
	推进各类涉企证照事项线上并联审批，实现"一网通办、一窗核发"
	推进涉企证照事项标准化管理，实现服务事项标准化
加强事中事后监管	坚持便捷准入与严格监管相结合，以有效监管保障便捷准入，防止劣币驱逐良币，提高开办企业积极性
	精简事前审批，加强事中事后监管，探索市场监管新模式
	全面推行"双随机、一公开"监管，按照"谁审批、谁监管，谁主管、谁监管"的原则，强化主动监管、认真履职意识，明确监管责任
	建立以信用为核心的新型监管机制，依托全国信用信息共享平台不断完善政府部门之间信息共享与联合惩戒机制，充分发挥国家企业信用信息公示系统和"信用中国"网站的作用
推动"一照一码"营业执照广泛应用	坚持"多证合一"与推进"一照一码"营业执照应用相结合，打通改革成果落地的"最后一公里"
	各地"多证合一"改革情况不同，证照整合项目、形式不同，各地区、各部门要加快完善各自相关信息系统，互认"一照一码"营业执照的法律效力，推进"一照一码"营业执照在区域内、行业内的互认和应用
	对于被整合证照所涵盖的原有事项信息，不得再要求企业提供额外的证明文件，使"一照一码"营业执照成为企业唯一"身份证"

三、政策解读

《意见》提出对涉企证照事项按照能整合的尽量整合、能简化的尽量简化、该减掉的尽量减掉的原则进行全面梳理、分类处理，明确提出要将信息采集、记载公示、管理备查类的一般经营项目涉企证照事项整合到营业执照上，最大限度上便利企业市场准入。同时《意见》对企业登记信息事项进行了明确规定，提出要将信息采集、记载公示、管理备查类的一般经营项目涉企证照事项整合到营业执照上，最大限度上便利企业市场准入。《意见》提出坚持互联互通与数据共享相结合，大力推进信息共享，打通信息孤岛。依托已有设施资源和政府统一数据共享交换平台，对省级信用信息共享平台、国家企业信用信息公示系统、部门间的数据接口，在最大范围内建立企业基础信息和相关信用信息的共享。

第二节 《关于开展支持中小企业参与“一带一路”建设专项行动的通知》

一、出台背景

2013年9月和10月，习近平总书记在对中亚和东南亚国家访问期间，提出“丝绸之路经济带”和“21世纪海上丝绸之路”的重大倡议，这一倡议受到国际社会广泛关注。近年来为推动“一带一路”建设，党中央、国务院根据全球形势变化和我国发展面临的新形势、新任务推出了相关政策措施。截至2017年12月，已有80个国家和国际组织与我国签署共建“一带一路”合作协议，从产能合作、对外投资、金融贸易、科技合作、海洋领域等多方面进行合作，中国企业对沿线国家投资累计超过500亿美元，创造了近20万个就业岗位。2017年5月14日，习近平总书记在“一带一路”国际合作高峰论坛上强调“要深入开展产业合作，加强国际产能和装备制造合作，抓住新工业革命的发展新机遇，培育新业态，保持经济增长活力”。

二、具体措施

《通知》从参加国内外展览展销活动、建立经贸技术合作平台、鼓励中小企业运用电子商务开拓国际市场、促进中小企业开展双向投资等方面提出具体措施，例如创新中国国际中小企业博览会办展机制，重点邀请沿线国家共同主办，并设立“一带一路”展区等，详见表10-2。

表 10－2　具体措施整理表

针对的方面	具体措施
鼓励中小企业参加国内外展览展销活动	创新中国国际中小企业博览会办展机制，推进国际化、市场化、专业化改革，重点邀请沿线国家共同主办，并设立“一带一路”展区
	支持各地中小企业主管部门与贸促会分支机构合作开展专门面向沿线国家中小企业的展览活动，帮助中小企业特别是“专精特新”中小企业展示产品和服务，为中小企业搭建展示、交易、合作、交流的平台
建立经贸技术合作平台	共同搭建“中小企业‘一带一路’合作服务平台”，为中小企业提供沿线国家经贸活动信息，支持各地中小企业主管部门、中小企业服务机构和贸促会分支机构联合开展企业洽谈、项目对接等活动
	鼓励中小企业服务机构和企业到沿线国家建立中小企业创业创新基地，开展技术合作、科研成果产业化等活动
	吸引沿线国家中小企业在华设立研发机构，促进原创技术在中国孵化落地
鼓励中小企业运用电子商务开拓国际市场	支持各地中小企业主管部门积极参与中国贸促会跨境电子商务示范园区和单品直供基地建设，鼓励并支持创新性的中小型跨境电商企业入驻发展
	大力推进中国贸促会“中国跨境电商企业海外推广计划”，针对中小企业在通关报检、仓储物流、市场开拓、品牌建设等方面的需求，引入第三方专业机构，提供定制化服务
促进中小企业开展双向投资	支持在有条件的地方建设我国与沿线国家中小企业合作区，进一步发挥合作区引进先进技术、管理经验和高素质人才的载体作用，在中小企业服务体系建设、技术改造、融资服务、小型微型企业创业创新基地建设、人才培训等方面提供指导和服务
	组织中小企业赴境外园区考察，引导企业入园发展，协助园区为入驻企业提供展览展示、商事法律、专项培训等服务，帮助中小企业提高抗风险能力
	通过以大带小合作出海，鼓励中小配套企业积极跟随大企业走向国际市场，参与产能合作和基础设施建设，构建全产业链战略联盟
	促进与沿线国家在新一代信息技术、生物、新能源、新材料等新兴产业领域深入合作

续表

针对的方面	具体措施
加强经贸信息、调研等服务	加大信息收集、整理、分析和发布力度，用好网站、微信公众号、报纸杂志等载体，提供沿线国家的政治环境、法律法规、政策准入、技术标准、供求信息、经贸项目、商品价格、文化习俗等信息
	注重收集并向沿线国家政府反映我国中小企业合理诉求
	支持建立产学研用紧密结合的新型智库，重点面向中小企业，围绕沿线国家产业结构调整、产业发展规划、产业技术方向等开展咨询研究
	实施“中小企业‘一带一路’同行计划”，聚合国际合作服务机构，加强信息共享，强化服务协同
	鼓励中小企业服务机构、商业和行业协会到沿线国家设立分支机构，发挥中国贸促会驻外代表处、境外中资企业商协会和企业作用，探索在条件成熟的沿线国家设立“中国中小企业中心”
强化商事综合服务	构建面向中小外贸企业的商事综合服务平台，提供商事认证、商事咨询、外贸单据制作、国际结算、出口退税等综合服务
	继续完善“中小企业外贸综合服务平台”功能，为广大中小企业提供贸易投资咨询、通关报检、融资担保、信用评级等一揽子外贸服务
完善涉外法律服务	建立健全中小企业风险预警机制，帮助中小企业有效规避和妥善应对国际贸易投资中潜在的政治经济安全和投资经营风险
	开通中小企业涉外法律咨询热线，及时解答企业涉外法律问题并提供解决方案
	建立健全中小企业涉外法律顾问制度，提供一体化综合法律服务
	组织经贸摩擦应对，帮助中小企业依法依规解决国际经贸争端，维护海外权益
	深入实施中小企业知识产权战略推进工程，提升中小企业知识产权创造、运用、保护和管理能力
	完善知识产权管理和专业化服务，降低中小企业知识产权申请、保护、维权成本，推动知识产权转化
开展专题培训	围绕中小企业关注的焦点问题，开展多层次专题培训
	深入实施中小企业领军人才培训计划，共同开展中小企业国际化经营管理领军人才培训

续表

针对的方面	具体措施
提高中国品牌海外影响力	开展“中国品牌海外推广计划”，引导企业增强品牌意识，提升品牌管理能力
	通过帮助中小企业有选择地赴海外参展，组织产品发布会等活动
引导企业规范境外经营行为	引导中小企业遵守所在国法律法规，尊重当地文化、宗教和习俗
	注重资源节约利用和生态环境保护，主动承担社会责任

三、政策解读

作为市场中最活跃的创新群体中小企业对国际市场的技术更新做出的反应是最迅速、最直接的。加强对中小企业“一带一路”建设有利于充分发挥市场在资源配置中的作用，实现供需两方面的双向互动。工业和信息化部 、中国国际贸易促进委员《会关于开展支持中小企业参与“一带一路”建设专项行动的通知》（以下简称《通知》）从助力中小企业赴沿线国家开展贸易投资、为中小企业提供优质服务、提升中小企业国际竞争力等方面提出重点工作内容。具体措施包括鼓励中小企业参加国内外展览展销活动、建立经贸技术合作平台、鼓励中小企业运用电子商务开拓国际市场、促进中小企业开展双向投资、加强经贸信息调研等服务、强化商事综合服务、完善涉外法律服务、开展专题培训、提高中国品牌海外影响力、引导企业规范境外经营行为。

第三节 《关于推动中小企业公共服务平台网络有效运营的指导意见》

一、出台背景

中小企业公共服务平台是中小企业公共服务体系的重要组成部分，积极发展完善中小企业公共服务体系有助于推动中小企业健康成长，将是扶持中小企业发展的重要保障之一。为确保中小企业公共服务平台规范化、标准化地运营，构建完善的公共服务平台服务规范对中小企业公共服务平台具有深远的意义。自2011年工业和信息化部印发《"十二五"中小企业成长规划》首次提出实施"十二五"中小企业公共服务平台网络建设工程以来，现在已经形成了覆盖全国30个省、自治区、直辖市和5个计划单列市，由统筹全省资源的枢纽服务平台贴近需求提供直接服务的"窗口"服务平台共同构成的中小企业公共服务平台网络。截至2016年12月底，平台网络共注册服务机构3.11万家，注册企业59.21万家，共有2483个服务机构为52.18万家企业提供了234.55万次服务①。为了提升线上服务比例，提高服务水平与运营能力，明确中小企业公共服务平台网络的定位与职责，促进中小企业健康发展，工业和信息化部联合财政部印发了《关于推动中小企业公共服务平台网络有效运营的指导意见》。

二、具体措施

《指导意见》从强化平台网络骨干架构作用、加强平台网络服务资源深度合作、引导公益性服务和增值性服务有序发展、推广线上线下相结合的服务模式等方面提出具体措施，例如进一步扩大平台网络覆盖范围，延伸服务触角，增加服务节点等，详如表10-3。

表10-3　具体措施整理表

针对的方面	具体措施
扩大覆盖范围，强化平台网络骨干架构作用	进一步扩大平台网络覆盖范围，延伸服务触角，增加服务节点，拓展平台网络在区、县的纵向覆盖以及在各类重点产业聚集区、工业园区、创业创新基地等的横向覆盖
	以平台网络为核心集聚中小企业公共服务资源，鼓励中小企业公共服务平台、小微企业创业创新基地与平台网络对接，引导各领域资质好、能力强、信誉佳、规模大的优质服务机构在平台网络聚合

① 《多措并举推动中小企业公共服务平台网络有效运营》，中国中小企业信息网，2017年8月3日。

续表

针对的方面	具体措施
推动开放共享，加强平台网络服务资源深度合作	省级中小企业主管部门要组织引导平台网络建立服务资源、服务信息等共享机制，鼓励省平台之间、省平台和窗口平台、窗口平台相互之间签订服务合作协议，规范不同主体间资源共享与合作方式
	各级中小企业主管部门要将平台网络作为中小企业工作平台，协调行业主管部门、工商、税务、银行、金融机构等支持省平台和窗口平台开展服务，开放共享相关数据资源，推动平台网络与电信运营商、互联网企业的交流、对接，以及深度合作
探索长效机制，引导公益性服务和增值性服务有序发展	省级中小企业主管部门应根据本地区实际建立公益性服务清单，明确公益性服务支持范围、服务要求与服务标准，对符合清单要求的公益性服务，应以政府购买服务或补贴方式给予支持
	各级平台可结合本地实际积极探索，利用市场化方式集聚服务资源、对接企业需求，鼓励平台积极拓展有深度、有特色的个性化增值服务
创新服务方式，推广线上线下相结合的服务模式	支持平台网络应用云计算、大数据等新一代信息技术开发新的服务产品、新的服务模式，推动线下服务线上化
	鼓励利用线上服务拓展和带动线下服务，通过线上展示、线上服务超市等服务形式扩展线下服务内容，利用线上平台、微信、微博等渠道开展线上线下同步的服务活动
提高服务水平，提升个性化精准对接能力	鼓励省平台和窗口平台通过订单式服务、“一企一策”专家会诊、个性化定制服务、互动平台等方式助力服务机构开展特色化、精准化服务，提高服务对接效率
加强组织引导	充分发挥各省市现有平台网络部门联合推进机制的作用，加强组织协调，切实履行各相关部门、平台网络运营管理机构及其他单位的责任，定期组织召开工作协调会，商定工作目标与实施计划
	各级中小企业主管部门应建立平台网络运营管理督导机制，定期督查和指导平台网络落实扶持中小企业政策以及服务工作开展情况，及时向相关部门反馈问题并跟进解决方案
强化财政支持力度	各地应加强对平台网络运营完善和开展服务活动的支持，推动平台网络运营管理及公益性服务开展，并积极探索利用政府和社会资本合作（PPP）、政府购买服务等方式支持平台网络发展，鼓励通过创业创新电子服务券补贴、优秀服务机构奖励等方式引导社会服务机构为中小微企业提供优质服务

续表

针对的方面	具体措施
完善运营服务评价体系	省级中小企业主管部门要结合当地实际情况，制定平台网络运营管理意见和监督管理办法，明确平台网络运营主体和服务主体职责
	定期组织专家或第三方机构对平台网络服务情况进行评价，并依据评价结果对窗口平台和服务机构进行动态管理、有序进退、滚动发展
做好数据分析挖掘	继续做好服务数据的报送和分析工作
	利用大数据技术，对平台网络的服务运营情况进行跟踪、分析与挖掘
	积极配合政府部门开展中小企业生产、经营、服务、融资等方面的市场调研和问卷调查
加强人才队伍建设	省级中小企业主管部门要加强中小企业公共服务体系人才队伍建设，组织开展平台网络服务人员系列培训
	要组织开展中小企业公共服务体系平台网络交流活动，总结与推广省内中小企业公共服务平台网络、中小企业公共服务示范平台与中小企业创业创新基地的先进服务理念与典型做法经验

三、政策解读

《指导意见》明确了平台网络的定位和职责，强调中小企业公共服务平台网络应以中小企业需求为导向，以向中小企业提供公益性服务和增值性服务为主要内容，以线上线下相结合的平台为依托，广泛集聚和共享服务资源，提高服务能力，对接服务需求，是中小企业服务资源的重要供给者，是促进中小企业发展工作的重要载体和抓手。从平台网络运营环节对平台网络提出了五大重点任务，一是扩大覆盖范围，二是推动开放共享，三是探索长效机制，四是创新服务方式，五是提高服务水平。《指导意见》立足于平台网络长期可持续健康发展，强调发挥政策引导和财政支持作用，提高平台网络品牌与社会影响力，提出六个方面的保障措施，一是加强组织引导，二是强化财政支持力度，三是完善运营服务评价体系，四是做好数据分析挖掘，五是加强人才队伍建设，六是加强平台网络宣传。

第四节 《关于开展小微企业金融知识普及教育活动的通知》

一、出台背景

融资难融资贵一直是困扰小微企业发展的难题，受到党中央、国务院高度重视。2017 年 7 月全国金融工作会议强调，要积极发展普惠金融，着力解决融资难融资贵问题，大力支持小微企业融资环境改善。为推进多元化金融机构体系建设和多层次资本市场建设，近年来出台了一系列政策措施完善融资担保体系，小微企业融资环境得到相应的改善。面对种类丰富、不断创新的金融市场，很多小微企业并不是很了解，甚至对贷款、上市、股权融资的基本门槛和条件都不是很熟悉，导致其在融资过程中面临很多困难，付出了不少成本。为帮助小微企业增强融资能力和技巧，提升贷款能力，推进缓解融资难融资贵，工业和信息化部部长苗圩在十二届全国人大五次会议记者会上强调，工业和信息化部将落实好国务院《推进普惠金融发展规划（2016—2020 年）》要求，有效发挥政府作用，加强公共服务的普惠性工作。

二、具体措施

《通知》从开发标准化与特色化相结合的教育培训教材和课程体系、加强宣传、广泛动员各方力量汇聚合力、建立体系化推进机制等方面提出具体措施，例如各地可在标准化“一书一纲”基础上，增加个性化、特色化培训内容等，详见表 10 – 4。

表 10－4　具体措施整理表

针对的方面	具体措施
开发标准化与特色化相结合的教育培训教材和课程体系	工业和信息化部负责统一组织，统一开发“一书一纲”，包括汇编覆盖小微企业种子期、初创期、成长期三个阶段的关键金融基础知识教材，统一设计教育课程大纲，提供给各地参考使用
	各地可在标准化“一书一纲”基础上，因地制宜，增加个性化、特色化培训内容，创新形式，扩大范围，丰富实践，逐步构建多层次、模块化的适合小微企业特点的教育培训课程体系
	适时选择部分地区组织小微企业金融知识普及教育示范班，规范并引导此项工作
摸底调查，加强宣传，组织企业普遍参与	各地要加强舆论宣传，利用各类媒体多渠道、多层面、广角度地宣传小微企业金融知识普及教育活动，开展小微企业金融基础知识教育培训需求摸底调查工作
开放共享，广泛动员各方力量汇聚合力	各地要把开展小微企业金融知识普及教育活动作为落实我部与建设银行、邮政储蓄银行等银行业金融机构中小企业金融服务战略合作协议落实的重要内容，充分发挥合作金融机构的金融资源优势，拓展细化培训内容
	建立动员社会各方面力量的工作协调机制，调动高等院校、职业院校、协会商会和其他社会中介服务机构发挥各自优势，对接资源，广泛参与教育活动
建立体系化推进机制，提高融资教育培训有效性和长效性	各地要将已经开展的融资培训活动纳入金融知识普及教育工作，将金融知识普及教育工作纳入地方小微企业综合培训体系和缓解小微企业融资难整体工作
	在开展金融知识普及教育活动的基础上，结合实际，建立受训小微企业信息库，梳理融资服务需求，并开展针对性的政策咨询、融资诊断、财务规划、信用评价、项目展示、融资对接、市值管理等服务
	探索搭建规范、开放、便捷、高效的融资供需对接平台，广泛引入银行、天使投资、创业投资、融资租赁、担保等各类金融机构和融资服务机构，拓宽小微企业资金供给渠道
创新服务方式，推广线上线下相结合的服务模式	各地要将金融知识普及教育作为促进缓解小微企业融资难融资贵的一项基础性任务，加强组织领导，落实工作责任，增强责任感、使命感和服务意识，改善公共服务
	改进工作作风，加强教育培训流程监督和效果考核评估，及时总结工作经验

三、政策解读

《通知》明确开展金普教育活动的基本原则和目标，即坚持中央引导、地方为主、公益导向；需求为本、形式多样、务求实效；搭建平台、市场运作、整合资源；主要目标为对有融资需求、金融基础知识教育培训需求的小微企业开展普遍性教育培训，小微企业金融基础知识得到普及。《通知》提出金普教育活动将根据小微企业成长规律，按照种子期、初创期、成长期三个阶段，分别介绍在不同阶段需要掌握的金融基础知识，内容力求全面、实用、通俗、易懂，并有针对性地提出了五大任务：一是开发标准化与特色化相结合的教育培训教材和课程体系；二是摸底调查，加强宣传，组织企业普遍参与；三是开放共享，广泛动员各方力量汇聚合力；四是建立体系化推进机制，提高融资教育培训有效性和长效性；五是加强组织领导，建立工作机制。本次金普教育活动的主要意义在于解决小微企业融资过程中信息不对称、交易成本高等问题，帮助企业了解金融知识，提升融资技能，提高融资主动性和可获得性。

第五节 《关于进一步激发民间有效投资活力促进经济持续健康发展的指导意见》

一、出台背景

党中央、国务院一直高度重视民间投资工作，近年来部署出台了一系列有针对性的政策措施并开展了专项督查。虽然民间投资呈现出向好态势，但当前制约民间投资积极性的因素仍然存在。国务院总理李克强在 2017 年 7 月 28 日主持召开的国务院常务会议中明确提出进一步激发民间有效投资活力措施，促进经济持续健康发展。为进一步激发民间有效投资活力，充分发挥投资对优化供给结构的关键性作用，促进经济持续健康发展，国务院办公厅于 2017 年 9 月 1 日印发了《关于进一步激发民间有效投资活力促进经济持续健康发展的指导意见》（国办发〔2017〕79号），提出各地区、各部门要全面梳理已出台的鼓励民间投资政策措施，逐项检查落实情况。鼓励各地以改革的办法、创新的思维，实化、细化、深化各项具体措施，努力解决制约民间投资增长的深层次问题，进一步激发民间有效投资活力。

二、具体措施

《指导意见》从深入推进“放管服”改革、开展民间投资项目报建审批情况清理核查、支持民间投资创新发展、鼓励民间资本参与政府和社会资本合作（PPP）项目、增强民间投资动力等方面提出具体措施，例如充分发挥全国投资项目在线审批监管平台作用，实现项目网上申报、并联审批、信息公开、协同监管等，详见表10－5。

表10－5　具体措施整理表

针对的方面	具体措施
深入推进“放管服”改革，不断优化营商环境	各地区、各部门要深入贯彻落实国务院关于深化“放管服”改革的各项要求，确保取消下放国务院部门行政许可事项、取消中央指定地方实施行政审批事项、清理规范国务院部门行政审批中介服务事项等重点任务落实到位
	坚决落实清理规范投资项目报建审批事项有关要求，精简合并投资项目报建审批事项，不得擅自增加行政审批事项，不得擅自增加审批环节，切实防范权力复归和边减边增
	充分发挥全国投资项目在线审批监管平台作用，实现项目网上申报、并联审批、信息公开、协同监管，不断提高审批效率和服务质量
开展民间投资项目报建审批情况清理核查，提高审批服务水平	各地区、各部门要对民间投资项目报建审批情况开展一次全面细致的清理核查，逐项梳理已报审的民间投资项目，清查各类审批事项办理情况，明确办理时限
	能够办理的，要尽快办理；暂不具备办理条件的，要帮助民营企业尽快落实有关条件；依法依规确实不能办理的，要主动做好解释工作
	对无正当理由拖延不办的，要加大问责力度，通过约谈、通报、督办等方式督促限期整改，必要时对相关责任人给予处分
	要针对清理核查中发现的问题，进一步改进工作，提高效率，优化民间投资项目报建审批服务

续表

针对的方面	具体措施
推动产业转型升级，支持民间投资创新发展	鼓励民营企业进入轨道交通装备、“互联网＋”、大数据和工业机器人等产业链长、带动效应显著的行业领域，在创建“中国制造2025”国家级示范区时积极吸引民营企业参与
	发挥财政性资金带动作用，通过投资补助、资本金注入、设立基金等多种方式，广泛吸纳各类社会资本，支持企业加大技术改造力度，加大对集成电路等关键领域和薄弱环节重点项目的投入
	支持双创示范基地、产业园区公共服务平台建设，提高为民营企业投资新兴产业服务的能力和水平
	推进创新技术市场交易，缩短科技成果转化周期，提高科技型企业投资回报水平
	鼓励民间资本开展多元化农业投资，支持农村新产业新业态发展，推动民间资本与农户建立股份合作等紧密利益联结机制，对带动农户较多的市场主体加大支持力度
鼓励民间资本参与政府和社会资本合作（PPP）项目，促进基础设施和公用事业建设	加大基础设施和公用事业领域开放力度，禁止排斥、限制或歧视民间资本的行为，为民营企业创造平等竞争机会，支持民间资本股权占比高的社会资本方参与PPP项目
	积极采取多种PPP运作方式，规范有序盘活存量资产，丰富民营企业投资机会，回收的资金主要用于补短板项目建设，形成新的优质资产，实现投资良性循环
	合理确定基础设施和公用事业价格和收费标准，完善PPP项目价格和收费适时调整机制，通过适当延长合作期限、积极创新运营模式、充分挖掘项目商业价值等，建立PPP项目合理回报机制，吸引民间资本参与
	努力提高民营企业融资能力，有效降低融资成本，推动PPP项目资产证券化，鼓励民间资本采取混合所有制、设立基金、组建联合体等多种方式，参与投资规模较大的PPP项目
降低企业经营成本，增强民间投资动力	落实和完善全面推开营改增试点政策，落实好研发费用税前加计扣除政策，加强涉企经营服务性收费和中介服务收费监管
	允许失业保险总费率为1.5%的地方将总费率阶段性降至1%，落实适当降低企业住房公积金缴存比例政策，推动各地出台或完善户口迁移政策和配套措施

续表

针对的方面	具体措施
	深化输配电价格改革，推进电力市场化交易等，实行工业用地弹性出让制度，用好用足标准厂房、科技孵化器用地支持政策，降低企业用能用地成本
	科学合理确定车辆通行费标准，规范铁路港口收费，开展物流领域收费专项检查，着力解决“乱收费、乱罚款”等问题
	督促银行业金融机构依法合规收费，降低贷款中间环节费用，严禁各种不规范收费和不合理的贷款附加条件
努力破解融资难题，为民间资本提供多样化融资服务	发挥各类金融机构优势，优化授信管理和服务流程，完善特许经营权、收费权等权利的确权、登记、抵押、流转等配套制度
	完善民营企业信用评级制度，客观评价民营企业实力，引导金融机构加大对民营企业的融资支持力度
	充分发挥各级政府网站与全国信用信息共享平台作用，鼓励地方推进“银税互动”、银行业金融机构和全国信用信息共享平台之间的合作等，化解银企信息不对称问题，促进中小企业融资
	发展政府支持的融资担保和再担保机构，鼓励各地设立信贷风险补偿基金、过桥转贷资金池等，加大对中小微企业、科技创新企业的支持
加强政务诚信建设，确保政府诚信履约	地方各级政府向民营企业作出政策承诺要严格依法依规，并严格兑现合法合规的政策承诺，不得违法违规承诺优惠条件
	要认真履行与民营企业签订的合法合规协议或合同，不得以政府换届、相关责任人更替等理由拒不执行，不得随意改变约定，不得出现“新官不理旧账”等情况
	开展政务失信专项治理，对地方政府拒不履行政府所作的合法合规承诺，特别是严重损害民营企业合法权益、破坏民间投资良好环境等行为，加大查处力度
	对造成政府严重失信违约行为的主要负责人和直接责任人要依法依规追究责任，惩戒到人

续表

针对的方面	具体措施
加强政策统筹协调，稳定市场预期和投资信心	加强部门间协调配合，科学审慎研判拟出台政策的预期效果和市场反应，统筹把握好政策出台时机和力度
	有关部门要在加强监管的同时，明确政策导向，提出符合法律法规和政策规定的具体要求，正确引导投资预期
	围绕经济运行态势和宏观政策取向，加大政策解读力度，主动解疑释惑，帮助民营企业准确理解政策意图
	建立健全政务舆情收集、研判、处置和回应机制，及时准确发布权威信息，切实做好民营企业关切事项的回应工作
	完善公平、开放、透明的市场规则，稳定市场预期、增强市场活力，帮助民营企业充分利用好国内大市场，加大对适应国内消费升级和产业转型需要项目的投资力度，支持劳动密集型产业向内陆沿边地区梯度转移
构建"亲""清"新型政商关系，增强政府服务意识和能力	建立健全政府与民营企业常态化沟通机制，进一步发挥工商联和协会商会在企业与政府沟通中的桥梁纽带作用
	因地制宜明确政商交往"正面清单"和"负面清单"，着力破解"亲"而不"清"、"清"而不"亲"等问题
	坚决贯彻落实《中共中央国务院关于完善产权保护制度依法保护产权的意见》，尽快出台相关配套文件和实施方案，加强各种所有制经济产权保护，加大知识产权保护力度
	组织开展民营企业家专业化、精准化培训，提升民营企业经营管理水平
狠抓各项政策措施落地见效，增强民营企业获得感	各地区、各部门要全面梳理党中央、国务院已出台的鼓励民间投资政策措施，逐项检查各项政策措施在本地区、本领域落实情况，对尚未有效落实的政策措施，要认真分析原因，抓紧研究解决办法，确保政策尽快落地
	充分发挥中央和地方两个积极性，鼓励各地以改革的办法、创新的思维进一步实化、细化、深化鼓励民间投资的具体措施

三、政策解读

《指导意见》提出十方面的政策措施：一是深入推进"放管服"改革。确保取消下放国务院部门行政许可事项、取消中央指定地方实施行政审批事项、清理规范国务院部门行政审批中介服务事项等重点任务落实到位；二是开展民间投资项目报建审批情况清理核查；三是推动产业转型升级；四是鼓励民间资本参与政府和社会资本合作（PPP）项目；五是降低企业经营成本；六是努力破解融资难题；七是加强政务诚信建设；八是加强政策统筹协调；九是构建“亲”“清”新型政商关系，建立健全政府与民营企业常态化沟通机制；十是狠抓各项政策措施落地见效，增强民营企业获得感。《意见》要求，各地区、各部门要全面梳理已出台的鼓励民间投资政策措施，逐项检查落实情况。鼓励各地以改革的办法、创新的思维，实化、细化、深化各项具体措施，努力解决制约民间投资增长的深层次问题，进一步激发民间有效投资活力。

热 点 篇

第十一章 全球中小企业国际贸易标准研究

中小企业的发展与国际贸易都是国际经济领域的焦点。在国际市场中，各国均具备着不同的贸易标准，应加大国际贸易标准在中小企业中的普及。报告对这些数据库进行计量经济分析，借助对标准的统一规范化整理，帮助中小企业了解世界贸易环境。

第一节 中小企业贸易竞争中的标准和规范研究

一、标准和规范在日常生活的应用

（一）标准和规范的含义

从中小企业决策制定者的视角看，标准和规范的定义很广。标准指的是一定的质量或成就。公私实体均可设立标准。规范指的是政府等机构发布或维持的规则或命令。标准一旦写入法律就会成为规范。

（二）标准和规范的影响

标准和规范在国际贸易中发挥着重要作用。非关税措施等标准和规范可能会影响出口商。如果此类措施产生了歧视性的负面影响，则也称为非关税壁垒。

中小企业也面临着一些标准和规范。据不完全统计，任何有出口业务的中小企业都要遵守至少一条标准或规范。对于向欧盟、中国或俄罗斯出口的企业很可能会面对更多的技术规范。企业需自愿遵守发展标准，这些标准往往分为环境、社会或道德标准等方面。研究发现，大部分标准诞生于工业化国家或地区。近几年，有越来越多的经济合作与发展组织（OECD）外的国家/地区加入进来。2010—2015 年间，约有三分之一的自愿标准诞生在非经合组织国家或地区。1990 年，这一比例不足 10%。

标准和规范对各行业的影响不同。相对其他规范类型，技术规范比较具有针对性，在新鲜食品和加工食品行业比较普遍。从全球看，70% 的农业和 44% 的制造业需要技术要求和相关的合规评估。

繁复的标准和规范变成了企业的负担，成为比达到技术和卫生要求更复杂的问题。合规评估变成了农业和制造业企业均需要面对的重大挑战。

二、标准和规范在企业运行中的研究

（一）对主要活动和辅助活动的影响

标准和规范中的规定将对中小企业的基本职能包括财务、人力资源管理、运营和物流等方面产生直接的影响，同时还将影响企业的成本构成，进而影响其效益。

根据美国学者迈克尔·波特的公司层面供应链管理概念，标准和规范精确对应各个生产阶段。他将公司层面的商务活动分为支持活动和主要活动，其中支持活动又称为次要活动，指公司的基础设施、人力资源管理、技术开发和采购活动，而主要活动则包括采购物流、经营、发货物流和售后服务。

所有中小企业无论其企业结构如何必须设立相应的标准和规范，一些标准和规则涵盖许多方面，而另一些则比较具有针对性。中小企业中需要设立独立的部门对相应的标准和规范进行完善来应对企业运行中的各个方面。例如，专注于经营外包业务的中小企业需要设立专门的部门对外包产业链中的各个环节创建统一标准和规范。

（二）企业支持活动的相关标准

企业运行中的支持活动包括基础设施、人力资源管理、财务管理等方面。由于采购商们加大了对中小型供应商在企业管理和财务管理方面的要求，所以支持活动对于采用国际化生产模式的中小企业更加重要。会计和管理标准对企业而言必不可少，例如遵守会计标准有助于企业寻求资金。遵守复杂的公认会计原则（GAAP）对任何企业都是一个难题，尤其是体量较小的中小企业。中小企业可以使用相对于公认会计原则（GAAP）更加简化的国际财务报告准则（IFRS）。它省略了部分对于中小企业不重要的内容。

同时，用于评估企业基础设施的管理系统和风险标准也很重要。最重要的是适用于制造业和服务业质量评估系统的《ISO 9000 标准》和用于风险管理的《ISO 31000 标准》。此外还有特定行业的管理实践，如用于规范信息管理服务的《ISO/IEC 20000 标准》等。

在人力资源方面，国际劳工标准居于主要地位。而国际劳工组织（ILO）的核心劳动标准在全球范围最负盛名，拥有包括结社及集体谈判自由权、童工、强迫劳动和反对歧视在内的四个核心章节。世界公平贸易组织（WFTO）提出了基于组织运行原则和国际劳工组织管理的《WFTO 保障系统自愿标准和监测方案》。

在采购方面的标准对外包服务具有一定的推动作用。外包是指企业将不属于核心活动的业务流程交给外部机构执行。随着外包的增加，采购在内部价值链中变得更加重要。除最常见的 IT 外包外，人力资源和法律服务等方面的外包也呈增加趋势。根据德勤的报告《2016 年全球外包调查》，2016 年，人力资源、法律服务和房地产与设施管理外包预计会以 12% 至 26% 的速度增长。外包的繁荣催生了专门的外包标准《ISO 37500：2014 标准》。该标准适用于所有形式的外包。

（三）企业主要活动相关标准

标准和规范不只作用于企业的支持活动，在其主要活动例如企业经营、物流、营销和售后等方面也具有重要的作用。在物流方面，企业需要在保证安全的同时形成规模经济。管辖这方面的标准和法规起着包括提高效益在内的多重作用。

标准化集装箱可以提升物流环节的效益。《ISO 668：2013 标准》和《ISO 1496 - 1：2013 标准》定义了统一联运集装箱的尺寸和许可毛重。集装箱长 8 英尺至 56 英尺，最常见的长度为 20 英尺和 40 英尺。

虽然统一集装箱规格提升了效益，但是也使小型出口商处于不利地位。因为小型出口商的发货量低，无法实现规模经济。由于运输车辆负载不满或空车运行，经济体量小的国家或地区的企业付出的运输成本也较高。而且由于国际承运人需要停靠大量站点才能装满集装箱或运输工具，发展中国家或地区和小型经济体的出口商需要付出更多的运输时间。

存储流程在物流环节也至关重要。存储流程方面的标准和规范因国家或地区和产品而存在差异。几乎每种农产品都有自己的存储指南，同时对药品的存储规范则更多。对部分领域还有特殊的规定，例如农药和其他危险化学品必须拥有集中存放区。

在经营方面的标准和法规一般是针对特定部门或产品的。在对46个国家或地区进行的调查中，适用于进口产品的技术规范有42%都是针对产品本身的。要达到这些标准和监督要求，就需要针对产品和行业的技术基础设施和生产能力进行改造。这对于资源有限的国家或地区是一个挑战。

在营销和销售方面的标准和规范则是为了保护消费者而存在的。蓬勃发展的电子商务存在安全问题和威胁。电子欺诈和互联网的不安全性使得消费者不愿提供敏感的个人数据和信用卡信息。任何进行电子商务的组织都想要获得SSL电子证书，证明自身的真实性。

三、产品及生产环节中的标准

（一）国际价值链中的标准

企业的国际价值链是更大的国际价值链系统的一部分。更大的价值链包括上游供应商、下游渠道和客户的价值链。国际化生产带来了大量的货物、知识、投资、服务和人员在跨边境流动，这使得出口商必须遵守大量国内外的标准和规范。

然而，外包可能会导致更多的产品质量问题。而价值链内的标准方便了领军企业进行监管。领军企业可以在价值链内遵守全球性质量标准和自身的标准，从而使价值链内的所有材料都达到监管要求及品牌预期。达到领军企业的标准将可以提高供应商被领军企业选中的可能性。

社会责任相关的企业标准有助于提高企业声誉和达到品牌预期。标准和规范具有针对性和多样性。影响企业主要活动的标准和规范都是针对行业的，甚至是针对特定产品和企业的。由于这种针对性和产品的多样性，需要有数量庞大、各种各样且仍在不断增加的标准和规范。

表 11－1　标准的复杂性和多样性：特定行业示例

序号	行业	示例
0	农、林、渔业产品	农业和林业：安全与可持续
		渔业：从生态到人权
1	矿石与矿物、电、燃气和水	负责任的金矿开采
2	食品、饮料和烟草；织物、服装和皮革产品	食品：从消费者安全到质量认证
		织物：从劳动力标准到织物护理标签
3	除金属制品、机器设备外的其他可运输产品	以玩具为例：降低伤害的标准
4	金属制品、机器设备	金属和机器行业：生产链的强度取决于最弱的一环
		电子技术兼容性
5	建筑和建筑服务	建筑：从安全规范到采购
6	分销型贸易服务；住宿、食品和饮料提供；交通服务；电、燃气和水配送服务	旅游：保证安全和信号质量
7	金融和相关服务；房地产服务；租赁服务	金融审慎监管
8	商务和生产服务	在网络中保护隐私
9	社区、社交和个人服务	医疗行业

资料来源：联合国（2015）。主要产品划分（CPC）V2.1。

农业和林业需要实现安全和可持续发展。由于对人类健康直接产生影响，农业是出台规范最多的行业。规范和标准可以缓解农业行业中的食品安全问题。由于消费者在购买时也越来越重视社会与环境的可持续发展，在农业规范和标准中越来越重视对产品的碳足迹（PCF）指标的检测。食品生产业中，不同食品受到不同的管制。危害分析和关键控制点（HACCP）是使用最广泛的识别和阻止食品危险的系统之一。虽然要求因国家或地区而异，但普遍会对食品添加剂进行限制，从而保证消费者食品安全。

渔业也有两个很重要的认证标签，即森林管理委员会（FSC）和森林认证体系认可计划（PEFC）。在渔业的国际标准中越来越关注对鱼类和消费者安全的保护。伴随着消费者对鱼的需求越来越大，捕鱼工人的工作量越来越大，危险系数也随之增高。国际劳工组织和国际海事组织（IMO）采取了许多手段来提高捕鱼工人的安全和工作条件。希望借助出台统一的公约和标准来提升渔业作业中的工人安全系数，例如渔船船员培训公约（STCW-F）等。

采矿行业往往工作条件差，行业危险系数高，同时由于矿区的地理位置偏远，工人在采矿过程中存在一定的危险，但雇主则希望尽量节省安全保护措施带来的成本，这造成了雇主和雇员的权利不对等。借助国际统一认定的黄金和贵金属公平贸易标准（Fairtrade Standard for Gold and Precious Metals），消费者可以明确地了解手工艺人和小型采矿组织的黄金提取和生产能力。获得此标签的手工艺人和小型采矿组织满足以下几项标准：采矿组织在黄金交易过程中拥有与交易商议价的权利；组织内矿工得到了公平的金价，且对供应链有较大的控制权；采矿组织对其所在社区的发展作出了贡献；采矿组织不雇佣童工；采矿工作条件良好，强制使用保护装备，并且对所有矿工进行了健康和安全培训；采矿组织保证了矿工的结社自由和集体谈判权；采矿组织在工作中负责任地使用化学物质，安全、负责任地管理有毒化学品。

纺织业是许多发展中国家或地区的支柱，尤其是在南亚和东南亚。纺织业的价格竞争非常激烈，许多国家或地区害怕提高劳动和社会标准会增加成本，从而降低生产力和竞争力。纺织业事故会增加雇主压力，因而工作条件方面的标准和规范对这一行业极为重要，如国家劳工组织的标准、国际劳工组织的国际劳工标准和公平劳工协会等私人组织的标准。此外，国家法规通常也会设立最低标准。纺织业的标准还延长了产品的生命周期。国际纺织协会护理标签（GINETEX）提出了标明洗水符号、纤维含量、尺码和原产地标识的国际系统。《ISO 3758标准》是当今通用的国际标准。

标准和规范对玩具业的影响十分大。根据国际玩具业协会（ICTI）的报告，标准和规范不仅保证儿童安全，还涵盖玩具适合的儿童年龄段指导、废物管制和标签。欧洲颁布了专门的玩具安全法令《2009/48/EC法令》。这些标准和规范虽然在保障消费者权益方面起了很大的作用，但其对生产过程提出很高的要求，会加重企业生产成本，尤其对中小企业的影响较大。

金属和机械行业是垂直整合度最紧密的行业之一，生产链的强度取决于最弱的一环。全球化的生产链导致了技术规范和兼容标准的诞生。为了降低标准，越来越多的领军企业要求供应商遵守大量的质量和兼容性标准。

建筑业中的小型企业数量庞大，为公平行业环境针对建筑业的标准和规范也很多。影响建筑业的各种规范主要集中于建筑和产品标准、建设限制和人员移动限制、安全和环境规范、建设物的安全规范等。仅英国就有至少3500条相关标准。ISO技术标准委员会也针对建筑业制定了109条国际标准，其中的采购标准对于维持建筑业国际贸易和公平竞争极其重要。

在金融业中通常会使用审慎监管。因为这一行业的信息不对称很可能会导致道德风险。包括银行最低资本要求在内的审慎监管就是为了解决这些问题而设立的。同时，现代支付系统和电子支付体系也需要标准和规范的保护。

四、对竞争力的影响

对标准和规范的投资通常是值得的，因为可以在规范行业竞争的同时提升企业的生产能力。而标准和规范对于单个企业的影响则最终取决于决策者在利益权衡间的定夺。

（一）标准和规范带来的成本

标准和规范带来的成本多种多样，有获取相关信息的初始成本、决定实施标准和规范的时间成本等。出口企业还会在边境附近发生额外成本，例如关税等。成本的性质和大小取决于业务范围，不过固定成本和可变成本最后都会反映在提高的产品价格。

此外，标准和规范也是一种贸易障碍。国际贸易中心非关税措施的商业调查中的企业级数据表明，技术规范对微型企业和小企业的影响要超过对大企业的影响。在受影响最大的小微企业中有25%表示在其出口数据中有一半以上地区销售情况受到了技术规范带来的负面影响。

（二）特惠贸易协定的作用

特惠贸易协定（PTA）开始越来越多地引用和包含标准与规范。贸易协定的成员关系并不能保护企业免收出口国家的标准和规范造成的贸易壁垒影响。根据调查数据显示，技术规范影响与出口份额间并没有必然的联系，例如卢旺达2014年出口份额中有80%是流向非经合组织成员国，而在这些国家遇到的贸易壁垒占所有市场份额的30%。

（三）对标准的投资能够取得回报

标准和规范降低了市场多样性。由于各国或地区的标准和规范不同，因而出口企业在实现规模经济中会遇到一些阻碍，这同时也影响了这些企业是否进入新市场的决策。国家或地区特有的标准和规范提高了专门化程度，增加了市场细分，抑制了多样性。

同时，还有一些规范是为了抑制进口而设立的。最近，一项针对受规范政策影响的服务业的研究表明，规范会显著影响服务业间的竞争。受到进口保护政策支持的国内服务提供商会获得更大的市场支配权力，从而提升了其产品的国内价格。

当企业加入国际价值链后，跨国企业和国际价值链中的企业在提升其生产水平从而达到规范和标准后将能取得更好的出口业绩，同时国际价值链帮助其分摊成本。然而，并非所有企业都能进入国际价值链中，只有生产力水平最高的企业能成功进入国际价值链，也并非所有企业都有能力达到标准，企业需要达到一定产量才能达到标准。在提升企业生产水平的同时，企业的成本也在飞速提升。

五、中小企业贸易中的标准

（一）获取信息

计划进行出口的中小企业必须先确定其产品是否可以在国际市场上销售。为此，企业需要先找出适用于其产品的标准和技术规范，并确定产品是否达到标准和规范要求。这些信息成本很高，尤其是在不可预测的监管环境中。企业可以选择将信息作为公共货物免费或低价提供。在信息整理过程的挑战在于如何收集、整理和提供此类信息。政策制定者和工业标准学会（TISI）在向私营部门有效提供信息方面发挥着重要作用。如果能够直接获得非关税措施相关信息，企业将可以从中获取对市场方向有益的信息，从而快速了解目标市场的规范和标准变化。

（二）加强企业能力建设

小企业自身通常没有能力和相关设备来遵守规范或自愿可持续标准，可能需要技术协助。部分国际机构制定了指南，可以帮助中小企业实现标准要求。国际标准化组织（ISO）、联合国工业发展组织（UNIDO）和国际贸易中心共同制定了ISO标准指导，如《ISO 14001 标准》《ISO 22000 标准》《ISO

31000 标准》和《ISO 50001 标准》。国际贸易中心和德国计量机构 PTB 编写了第二版《出口质量管理：中小出口商指导》，为中小企业提供遵守《ISO 9001 标准》等标准文件的指导信息。国际贸易中心还与埃及、约旦、巴勒斯坦和尼泊尔等多个国家合作编写了国家基础体系指导。

同时，政府部门可以通过公共采购来采用国家、国际或私营标准。据估计，发展中国家的公共采购额占其 GDP 的 40%，高达 9 万亿美元。

（三）支持性技术基础体系

支持建立标准和规范的国家技术基础体系指的是定义标准与规范并执行合规评估的流程和机构。创建和维护良好的技术基础体系对于资源有限的发展中国家是一个挑战，然而对于企业与地区和国际市场接轨却是至关重要的。流程透明化及建立合规的技术基础体系十分有必要。

流程可分为：出台相关政策或立法、影响评估、实施、合规评估和制裁。合规评估服务分为：测试、检查、认证、计量和鉴定。合规评估可以针对产品、服务、流程、系统，甚至人员。

以下是三个流程和机构设置示例：

管制行业：资格证书和认证。此处被认可的服务提供商可以是医院、大学等机构、医生、律师和会计等个人。

信息通信技术：认证和测试。鉴于信息通信技术服务的性质，产品和服务可能需要符合特定技术要求和标准才能接入网络并工作，如电信 3G/4G 标准、Wi－Fi 和蓝牙等。

旅游业：许可、自愿认证、检查。国家机构一般会建立适用于旅游机构、旅行社、饭店和酒店的必要许可证。解决可持续发展问题的自愿认证系统也极为重要。

（四）技术基础体系的战略选择

鉴于构建和运行技术基础体系成本高昂，资源有限的国家或地区可以选择使用国际公认的技术基础体系对一些产品系列进行认证。国家或地区在进行技术基础体系选择时要与其政策重心相协调。根据调查发现，在发达国家中，合规的评估、检查和证书发放通常由私营运营商提供；在发展中国家中由于市场规模和基础体系受限，很少鼓励私营运营商参与。各国的公共机构可以鼓励中小企业使用私人标准和技术规范。应确保选择的技术基础体系得到国际认可。只有评估机构获得公认时，贸易双方才会认可合规评估结果。合规评估机构应当加入地区和国际鉴定协议，包括相互承认协议、联合委员会和多边组织，这样将更加有利于体系的建设。

（五）减少边境障碍

机构之间缺少合作是行政和合规程序最常见的延迟原因之一。由于进出口商合作的边境机构不同，机构间合作不顺畅使得企业要分别提交和跟进不同的申请和单据。双方企业和政府的人力与财力成本都居高不下。此外还存在程序障碍和时间浪费。

解决边境障碍的方法有：

改善合作。鉴于测试和鉴定不同产品和服务的行为方的多样性，合作对于确保有效控制和快速跨境十分重要。

简化和标准化。包括：标准化和简化单证要求；尽量使用信息和通信技术简化程序；使用自动程序提高一致性、透明性和加速通关手续办理；允许提交电子单据，减少通关程序的时间和成本。

创建单一窗口。减少边境机构数量，降低通关需要的资源。

使用 WTO 贸易促进协议（TFA）。通过让所有 WTO 成员承担绑定义务，提高边境程序的效率。

鼓励公私对话。公私对话可确保改革与业务重心一致，企业能够得知即将发生的变化。

（六）使用国际选项

只有相关的国际评估机构认可证书时，鉴定才能促进贸易。相互认可协议（MRA/MLA）是承认实验室和认证机构鉴定等效的正式协议。相互认可测试程序可以允许企业避免重复测试、降低合规成本。理论上，签署国越多，企业对于测试结果不被市场认可的担忧越小。实际上，由于协议实施程度不同，遵守协议不能自动解决认可问题。

使标准或技术规范协调一致，以及更常见的协调非关税措施为中小企业提供了削减成本的机会。当不可能协调一致或不想协调时，也可以互相认可标准。这意味着即使不完全一致，也可认为不同国家机构制定的标准是相当的。

（七）达到贸易标准的行动计划

决策制定者和工业标准学会可以采取以下计划让标准和规范为贸易所用：

提供获得标准和技术规范的相关信息；

鼓励和支持企业采取标准和遵守技术规范；

加强技术基础体系；

改进国内治理，促进跨境活动；

利用国际机制促进贸易，如协调和签署相互认可协议。

第二节　中小企业出口贸易的竞争力和潜力分析

一、中小企业竞争力评估

（一）竞争力因素

根据各因素对竞争力的影响及其干涉经济的位置，国际贸易中心将企业竞争力因素分为三个支柱和三个层级。它们共同构成了中小企业竞争力网格，企业能力、企业环境、国家环境三个层级和竞争、连接、变化三个支柱。

三个支柱反映了竞争力的传统静态和动态概念，也突出了在现代经济中连接对于竞争力的重要性。

三个层级与竞争力相关工作中的发现相对应，但是明确重点关注内部的企业能力和外部的地区或行业环境。

（二）中小企业竞争力评分反映生产力

国际贸易中心采用了 39 个中小企业竞争力指标，它们共同构成了中小企业竞争力评分。这一分数反映企业生产力，是测量企业在国际市场上的竞争能力的可靠手段。

随着经济发展，中小企业和大型企业之间的差距在缩小。中小企业竞争力评分也能反映这一情况。

二、区域性的中小企业竞争力和出口潜力评估

（一）标准影响竞争力

在国际贸易中心，评分最高的地区是东欧和中亚，然后是拉美和加勒比海地区。评分最低的地区是中东和北非。显然，整体评分低的地区，小企业和大企业的差距最大。

然而在应对规范过程中，大中型企业所受困扰最大。各国大中型企业的平均分数为5.4，低于小型企业。由于实现了规模经济和竞争所需的生产力，在国际市场中，非出口的中型企业处于有利地位。对这类企业有不利影响的规范会降低该国家的国际竞争力，导致出口下降。

标准和规范的相关性因行业而异。新鲜食品和加工食品业的规范数量最多，其次是IT和电子消费品、化学和运输设备。

（二）中东和北非

中东和北非在新鲜食品和加工食品出口方面有显著的未挖掘增长潜力。大部分潜力在于地区内贸易。然而，中东和北非地区新鲜食品和加工食品进口的平均规范数最多，是其他地区的近5倍。改革这些规范能使该地区获益。更密集地使用地区内协调一致和互相认可也可帮助该地区挖掘其出口潜力。

此外，中东和北非地区的小企业缺少国际认可的质量证书。企业需加强管理层的能力建设以达到标准，这将有利于促进出口增长和提升竞争力。

（三）亚太

亚太地区的IT和电子产品出口业绩非常好。国际贸易中心的出口评估分析发现，现有出口部门中四分之一的未挖掘出口潜力都在这些部门之中。化工是最能实现产品多样化的行业。该行业被消费者保护法规所主导，而IT和电子消费品业则被兼容标准所主导。

亚太地区的中小企业平均持有的国际认可质量证书比其他地区少。然而，造成这些结果的主要原因是该地区部分贫穷的小经济体。地区标准分析基于的是不加权的平均值。这些数据没有体现中国、印度和印尼等大型新兴经济体中质量证书和国际管理标准方面的良好表现。

（四）拉美和加勒比海地区

在拉美和加勒比海地区，新鲜食品和交通设备行业的未挖掘出口潜力极为明显。国际贸易中心的产品评估指出了该地区可以实现多样化的各种行业，包括新鲜食品和加工食品业、化工、金属和基本制造业。

与其他地区相比，拉美和加勒比海地区在新鲜食品进口方面的规范明显多于加工食品进口方面的规范。国际管理标准在该地区相对流行。虽然大中型企业在应对国际质量证书方面表现很好，但是小企业表现不佳。加强小企业获得质量证书的能力对于该地区的贸易发展将十分有益，同时改善企业环境对于减少应对规范所用的管理时间也有一定的帮助。

（五）撒哈拉以南的非洲地区

撒哈拉以南的非洲地区的新鲜食品、金属和基本制造业未实现的潜力最高。金属和基本制造业以及化工业具备出口多样化的机会。

这一地区的大中型企业对国际质量证书的采用度非常高，而小型企业则很少采用，不过小型企业的情况不比其他地区差。在此地区的国家，国际管理标准并没有被广泛采用。这些管理标准并不是针对特定行业的，因而这一缺点可能影响了该地区实现新产品多样化的潜力。

（六）东欧和中亚

东欧和中亚地区的金属和基本制造业具有未挖掘的出口潜力。这一行业与化工业都可能进一步实现出口多样化。除了发达国家外，东欧和中亚地区是本次调查列举的样本中最富裕的地区。相对于其他地区，该地区从企业和国家政策层面上，在标准和规范方面的表现非常好。但是在经理花费在规范的时间方面以及采用国际惯例标准的程度方面，东欧和中亚地区的表现没有超出其他地区。这些领域将有待改进，尤其是在该地区想要利用化工等行业的多样化商机的情况下。

三、中国概况

国际贸易中心的报告中还简述了35个国家或地区的概况。其中中国的概况尤其具有参考意义。

（一）各项指标与评分

表 11－2　中小企业竞争力网格摘要

平均分数［0—100 分］		竞争力	连接	变化
企业能力	小型企业	60.2	45.7	41.0
	中型企业	66.5	65.1	60.3
	大型企业	73.9	71.5	66.1
	全部企业	63.9	54.4	53.7
企业环境		74.6	68.2	89.3
国家环境		59.0	66.2	65.8
基准等级：55.0（人均 GDP 的函数，美元）				
82.5 以上为优势项		27.5 以下为劣势项		

资料来源：赛迪智库整理。

表 11－3　企业能力（标准化评分）

竞争	小型企业	中型企业	大型企业	全部企业
国际质量证书	68.0	84.2	92.3	77.5
银行存款	48.6	54.6	66.5	52.0
产能利用	88.7	84.3	88.7	86.5
经理经验	35.4	43.0	48.2	39.6
连接	**小型企业**	**中型企业**	**大型企业**	**全部企业**
电子邮件	40.8	56.1	62.7	47.2
企业网站	50.6	74.1	80.3	61.7
变化	**小型企业**	**中型企业**	**大型企业**	**全部企业**
审计财务报表	45.8	64.7	69.7	54.5
银行融资的投资	5.5	31.5	28.9	22.6
正规培训计划	78.0	89.5	94.1	83.9
外国技术许可证	34.7	55.3	71.7	53.9

资料来源：赛迪智库整理。

表 11－4　企业环境（标准化评分）

竞争	小型企业	中型企业	大型企业	全部企业
电力可靠性	82. 3	82. 3	82. 3	82. 3
国内运输可靠性	80. 2	70. 7	64. 4	80. 2
应对规范	89. 6	86. 1	86. 1	88. 4
通关效率	47. 3	46. 8	47. 1	47. 3
连接	**小型企业**	**中型企业**	**大型企业**	**全部企业**
集群发展状态				84. 2
营销程度				60. 1
当地供应商质量				56. 6
大学与企业研发合作				71. 9
变化	**小型企业**	**中型企业**	**大型企业**	**全部企业**
融资便利性	92. 9	87. 2	90. 9	90. 6
受教育劳动力的获得	93. 9	87. 1	89. 8	90. 9
企业许可	85. 5	87. 0	91. 0	86. 2

资料来源：赛迪智库整理。

表 11－5　国家环境（标准化评分）

竞　争	全部企业
获得电力	57. 6
跨边境贸易的难易度	54. 2
适用的关税，贸易加权的平均值	34. 2
技术规范的普及	34. 7
面对的关税，贸易加权的平均值	38. 0
物流表现指数	84. 2
ISO 9001 质量证书	79. 4
ISO 14001 环境证书	80. 2
治理指数	44. 7
连　接	**全部企业**
信息通信技术获得	59. 3
信息通信技术使用	63. 5
政府在线服务	75. 7

续表

变 化	全部企业
获得贷款的难易度	50.0
利率差	64.4
上学时间	60.6
创办企业的难易度	38.8
专利申请	99.7
商标注册	81.6

资料来源：赛迪智库整理。

（二）中小企业出口潜力

中国是中上等收入国家，人口为13.8亿，GDP达到11.4万亿美元。商品和服务出口分别占总出口额的90.9%和9.1%。

国际贸易中心对商品的多样化分析发现，中国出口的多样化机会存在于电子元件、IT和电子消费品以及基本制造业。自行车零件和健身用品是位居首位的非电子类多样化产品。这些产品的价格稳定指标表现良好。

中国仍有潜力提高现有出口产品的出口。例如，据国际贸易中心的出口潜力分析估计，电话机未实现的出口潜力为1030亿美元。其他有潜力的产品包括自动数据处理机器以及打印机的零件和配件。

中小企业竞争力网格表明，中国中小企业的产能利用率很高，有效使用了现有资源。此外，许多企业为员工提供了正规的培训计划，帮助员工培养技能。各种企业在为投资融资的过程中对银行融资的依赖都低于预期。中国的企业环境和国家环境都很好，尤其是在受教育劳动力的获得与应对规范方面。

第十二章　无人超市新业态助力传统零售业转型升级

无人超市最早在2016年底由亚马逊推出，伴随着2017年7月8日阿里巴巴无人超市“淘咖啡”在杭州正式试营业，无人超市模式迅速在上海、深圳等地出现，在国内掀起无人超市浪潮。科技新零售以互联网为依托，借助大数据、人工智能等先进技术对商品的生产、流通与销售过程进行升级改造，重塑零售业的业态结构与生态圈，缓解传统零售业人工成本高、运作效率低等问题。

第一节　无人超市推动零售业创新发展

面对电子商务的迅速崛起，传统零售业的发展举步维艰，在人工成本大幅上涨、结算效率缓慢等压力下，传统零售业亟待转型升级。2015年6月底，国务院办公厅印发《关于推进线上线下互动加快商贸流通创新发展转型升级的意见》（国办发〔2015〕72号）明确鼓励零售企业利用互联网技术推进实体店铺数字化改造，增强店面场景化、立体化、智能化展示功能，开展真正意义上的全渠道营销。以无人超市为代表的零售新业态借助大数据、人工智能等先进技术，正在全国范围内迅速铺开，未来也将呈现大幅度的增长。据统计，2017年无人零售商店交易额预计达389.4亿元，未来五年无人零售商店将迎来发展红利期，至2022年市场交易额将超过1.8万亿元[①]。这种整合大数据现代技术、将线上数据优势与线下服务优势相结合，深度挖掘客户需求的零售新业态正在迅速推动传统零售业转型升级。

---

① 数据来源：艾媒咨询（iiMedia Research）7月4日发布的《2017中国无人零售商店专题研究报告》。

一、无人超市是信息技术与传统零售业的新形式

无人超市在进入场及支付环节、客流信息采集环节和商品信息环节中应用大数据、人工智能、云计算存储技术提升超市内运转效率。在进入场及支付环节，目前主要采取两种方式，一种是借助手机扫码进入并完成支付，一种是借助生物识别技术进行支付。借助手机扫码进入的方式通常仅为三步：打开手机应用—扫码—签署隐私及支付条款。相对于手机扫码进入的方式，生物识别技术进入的方式不是很普遍，目前在国内主要应用在上海的 Take Go 无人智能公仔便利店，采取“刷手”方式进入。

在客流信息和商品信息采集环节，技术种类在不断升级换代。亚马逊的 Amazon Go 无人便利店采用的是应用在无人驾驶上的计算机视觉、深度学习算法以及传感器、图像分析等多种智能技术，通过感知顾客与货架之间的相对位置，快速捕捉到顾客挑选的是哪件商品。阿里“淘咖啡”无人超市采用的是视觉传感器、压力传感器以及物联网支付等技术，其关键技术在于为每件商品添加了 RFID（无线射频识别）标签，这种非接触式的自动识别技术可以通过射频信号自动识别目标对象并获取相关数据。

二、无人超市加速传统零售业转型升级

无人超市相对于传统零售业具备用工成本低、提升结算效率和可规模化复制等优势。依托信息化技术无人超市减少人力投入，降低零售业人工成本。根据商务部 7 月 3 日发布的《中国零售行业发展报告（2016—2017 年）》，2016 年零售业限额以上大中型法人企业，人员工资总额为 2870 亿元，比上年增长 4%，同比增速是商品采购成本的 2 倍。人力成本在营运总成本中的比例不断增加，传统零售业亟待更新换代。借助信息化技术，无人超市简化了原本的人员监督的部分，采用大数据、人工智能等技术予以代替，相对于传统零售业更加节省人工成本。以上海的缤果盒子无人超市为例，日常运营只需一个理货员，一个运营人员能负责 20 个店，一名后台客服可应对 50 个店的需求，大大减少了人力成本的投入。

无人超市借助其智能系统大大提升了消费效率。传统零售业中，一旦遇

到节假日或促销高峰，超市里往往人满为患，结账排队的拥挤大大降低了消费效率。无人超市借助手机客户端移动支付或指纹支付方式省去了排队结账的环节，大大提升了消费效率。

无人超市以其模块化的技术优势达到快速规模化复制。借助规模化商用智能解决方案，缤果盒子将实现对 200 类商品的准确识别，再加上与欧尚集团达成合作，依托欧尚集团的供应链及全球渠道资源将可迅速完成华东区域的无人超市规模化铺设。据缤果盒子创始人兼 CEO 陈子林称，一年内预计将完成 5000 个网点的铺设。

第二节　无人超市存在的几点问题

一、建设及维护成本较高

虽然大部分人对于无人超市在节省人力成本、提升运转效率和推动传统产业转型升级等方面的表现给予肯定，但部分学者表达了对无人超市建设和维护成本方面的担忧。无人超市的日常投入包括后台技术研发和部署成本、硬件设备购置成本和 RFID 芯片硬件成本等。

在项目前期建设环节，无人超市项目将涉及超市建设费用及后端系统开发费用。据估算，建造缤果盒子每平方米的建造成本大约在 2000—3000 元，按 15 平方米计算建造成本在 3 万—4. 5 万元之间。无人超市的系统开发费用也占据较大比例，按国内一线城市 1 行代码的程序员成本至少 30 元计算，缤果盒子每个店铺分摊到的研发成本将至少是 2 万元。对于像阿里巴巴“淘咖啡”这样采用 RFID 进行商品定位的无人超市，RFID 芯片的成本也需考虑到建设成本中，通常一块 RFID 芯片约在 0. 3—0. 5 元。

在超市运行的前期推广和日常运营环节，无人超市也面临着大量的成本投入。在产品推广环节，超市需要花费大量的投入用于吸引顾客注册超市账户。在超市的日常运营环节则需要雇人为商品贴 RFID 标签，同时还需指派专人负责视频监控。无人超市在前期建设和后期系统维护方面的花销在超市成本中将占较大比重。

二、防盗防控系统较薄弱

无人超市存在的另一个主要问题是其现有的防盗防控系统较薄弱。当前无人超市的风险防控主要是依赖于传统摄像机和专人24小时监控，再配合传感器感知和图像识别技术对商品进行跟踪。

对于人工智能技术流派的无人超市，目前采取的方式较单一，主要是依赖商品识别与商品库图像对照。例如亚马逊无人超市 Amazon Go 对商品的跟踪存在两种情况。一种情况是商品在系统中直接被标识的，这种只需利用传感器便可感知该物品被拿走。另一种情况是通过图像识别辨别出商品的实际位置，再根据数据库中的图片进行对比检索。目前借助图像识别和生物特征识别技术对顾客进行定位追踪的方式还有待完善，这种追踪方式对店内人数有一定的限制，若店内追踪的人数超过20个，系统就会出现故障，影响准确率。

对于物联网技术流派的无人超市采取的监控方式存在区域局限性。例如，缤果盒子在防盗防损方面采取的是靠RFID技术捕捉商品位置和传统摄像机相配合。在其内部装置了全视角视频监控，一旦发现RFID技术追踪到的商品位置与商品位置记录有出入，系统将自动报警，相关人员会及时赶到现场进行处理。这种采取的RFID技术对商品进行追踪的处理过程虽相对简单，但由于射频信号辐射范围较小，会在物品移动范围过大时影响追踪准确率。

第三节　无人超市继续发展的政策建议

一、做好传统零售业人员岗位培训

在无人超市减少了流水线作业岗位的同时也创造了一些运营管理、技术开发、物流仓管等相对传统零售业更具交互性和主观性的岗位。据美国劳动统计局的数据显示，在过去15年间，有互动元素的工作机会增长了1亿，流水线式的工作机会则被淘汰了 300 万。在面对大数据、人工智能等现代技术对劳工市场的影响时，各国积极调整政策，出台相关人才培训计划帮助劳动者进行工作转型，例如员工技能培训项目或求职协助等。建议借鉴国外经验，根据人工智能、大数据等信息技术的要求，设计针对最新市场需求的员工培训计划，帮助零售业从业人员提升信息化技术水平，适应新型信息化零售业。

二、建立信用评估体系提升社会信用水平

无人超市、共享单车等新型消费模式的出现对公民信用水平的要求越来越高。在全程无人看守、无人监督的情况下，无人超市的损耗率和支付率都将直接反映出我国公民素质。芝麻信用在北京、杭州对两家无人超市进行试验，在不设置收银员的情况下，购物付款全程自助的环境中真实付款率达到 82%，也就是说有 18% 的人没有付款，这一统计表示仍有部分人在无人监督的情况下未能自觉进行支付，公民信用水平仍待提高。建议可以借鉴美国个人信用评价体系，将个人支付历史、负面公共记录、应付账款违约情况等与个人信用评分挂钩，信用评分将直接影响个人信贷申请。这种方法借助对公民信用记录的搜集，建立起全方位的信用评估体系，督促公民在日常生活中自觉恪守信用，提高全社会信用水平。

三、拓展无人零售提供者产业纵深合作

借助大数据和人工智能技术兴起的无人超市促使零售行业变得更加个性化、私密化、高效化，将推动传统零售业转型升级，运用先进技术对传统行业进行改造，提升零售行业运行效率。日前，传统零售商品牌天虹商场与百度正式签署了战略合作协议，组建“百度 & 天虹零售大数据实验室”，借助百度大数据收集、挖掘、分析等方面的技术对消费者的消费行为进行记录跟踪，精准把握消费需求动向，及时调整商品结构配置。建议应鼓励无人零售从业者深入挖掘项目深度，突破传统零售行业的局限性，整合供应链、物流链等产业链资源，强化产业链深度合作，带动零售业创新改革，提升整体产业竞争力。

展望篇

第十三章　2018 年中小企业发展趋势展望

展望未来，预计 2018 年随着宏观经济筑底企稳，中小企业内外需有望逐步回升，在纾解融资难融资贵系列政策的支持下，中小企业融资环境将日趋改善，随着“双创”持续深入推进，经济活力将进一步提升，中小企业的发展形势稳中向好。尽管如此，中小企业发展也面临较多问题：从企业内在看，存在内生动力不够、自身能力不足、信息化基础薄弱、转型手段缺失等短板；从外部环境看，存在成本高涨、融资难融资贵、公共服务薄弱、权益保障不足等制约。因此，还需继续推进体制机制改革，促进大中小企业有效对接，优化双创生态环境，补足中小企业发展短板，助力中小企业转型升级。

一、对 2018 年发展形势的基本判断

（一）宏观经济筑底企稳，中小企业内外需有望回升

2017 年我国四个季度 GDP 增长率分别为 6.9%、6.9%、6.8% 和 6.8%，全年 GDP 同比增长 6.9%，这是我国经济自 2010 年连续六年下滑后的企稳略升。国际货币基金组织 2017 年《世界与中国经济展望报告》预测，中国 2017 年和 2018 年经济增速分别为 6.8% 和 6.5%，增速仍然在世界主要经济体中名列前茅。在我国供给侧改革不断深入推进的背景下，宏观经济稳中向好态势已开始显现，这意味着，政府着力实施的稳增长促转型、创新驱动战略以及简政放权等系列改革措施已经取得了显著成效。

从工业生产来看，全国规模以上工业增加值 2017 年同比增长 6.6%，比 2016 年高 0.6 个百分点。其中，高端制造领域增长势头明显，计算机、通信和其他电子设备制造业增长超过 12%，汽车制造业增长接近 10%，铁路、船舶、航空航天和其他运输设备制造业增长超过 9%，电气机械和器材制造业增速也接近 10%，通用设备制造业增速超过 8%，专用设备制造业增长速度超

过10%，高端制造各领域增速明显高于工业增加值整体增速。

从服务业发展来看，我国第三产业的发展已经成为推动经济增长的主要动力，服务业增加值已经超过第二产业，这标志我国已经进入到一个以服务业和消费为主体的经济发展阶段，而且这个趋势当前正处于经济转型的发展初期。2017年社会消费品零售增长10.2%，远高于投资的增长水平(7.2%)，而且大量新兴消费领域出现了百分之几十的增长率，尤其在信息消费、互联网方面领域增长势头迅猛，说明我国正在进入一个以消费为主的发展阶段。

从进出口发展来看，2017年我国出口同比增长7.9%，进口同比增长15.9%，进出口连续两年负增长的态势得到有效遏制。在国际经济复苏趋势不断增强的大背景下，外需复苏内需企稳，2018年进出口有望继续保持复苏的良好发展势头。从出口外汇储备增长看，2017年12月末外汇储备3.1万亿元，实现连续11个月持续上升，实体经济企稳为人民币汇率提供了稳定支撑。

2018年，随着“三去一降一补”政策的进一步实施和推进，供给侧改革红利将继续释放，困扰我国经济结构调整的深层次问题在供给侧改革的推动下将进一步缓解，宏观经济企稳向好的势头有望得以继续保持。在经济基本面稳定发展的背景下，外需复苏及内需消费升级将为中小企业产品和服务的升级提供坚实的发展基础，更为中小企业转型发展带来新的增长空间。

（二）融资环境有所改善，融资难题继续得到缓解

2017年为进一步纾解中小企业融资难题，工信部按照国务院《推进普惠金融发展规划（2016—2020年）》工作部署，全面开展小微企业金融知识普及教育工作，帮助小微企业增加融资知识储备，提高小微企业融资的可获得性。银监会为引导互联网金融支持小微企业健康发展，对线上借贷信息中介机构业务进行引导和规范，推动网络借贷行业健康发展进而拓宽中小企业融资渠道。此外，地方各相关部门也都将纾解中小企业融资难作为工作重点，结合各地实际情况出台融资支持政策措施，对缓解中小企业融资难具有重要的促进作用。根据银监会的数据显示，2017年全国银行业金融机构小微企业贷款余额占各项贷款总额的25%，达31万亿元，较2016年底增加4万亿元，

同比增长15%，比各项贷款平均增速高出2.7个百分点，小微企业贷款户数达到1521万户，同比增加160万户，小微企业申贷获得率95%，同比增加1.7个百分点，“三个不低于”目标全部实现。

2018年，中小企业融资环境有望进一步改善。随着供给侧改革不断深入推进，实体经济形势日趋向好，互联网金融等新兴融资渠道正在发展成为传统融资渠道的有效补充。银监会开放民营银行牌照进一步推动了普惠金融发展，“三个不低于”政策有效保证了小微企业融资环境将持续获得改善，各地中小企业担保体系在政策的推动下正在不断壮大，中小企业能够获得的有效金融资源正在持续增加。伴随资本市场改革推动多层次资本体系建设，中小企业的融资渠道将更加丰富。综合来看，“融资难融资贵”一直是都制约中小企业发展的重要难题，但随着实体经济发展环境不断优化，纾解中小企业融资难系列政策措施的效果正在显现，中小企业融资环境有望获得持续改善。

（三）创业创新继续推进，经济活力将进一步提升

2017年国务院在创业创新方面进一步出台了十余项指导性文件，重点在“大众创业万众创新”示范基地、推广支持创新改革举措等方面继续丰富和完善政策措施，进而全面推动创新驱动发展战略的落实。以创业促创新、以创新带创业的发展格局初步形成，极大地激发了经济活力，使我国成为当前世界主要经济体中活力最强的经济体，创业创新也成为经济转型的重要新动能。为降低企业创业创新成本，财政部会同其他相关部门继续深入推进小微企业税费优惠减免措施，降低中小企业成本，同时为了鼓励企业加大研发投入，企业研发费用加计扣除等政策进一步得到细化和完善，以此推动企业继续提高创新投入。此外，中央及地方其他相关部门继续推动“多证合一”等制度改革，不断推动各部门之间加强信息共享，中小企业创业创新环境进一步优化，“双创”文化已经深入人心。

根据国家工商总局统计，2017年我国创业创新热情继续高涨，每天平均新设企业1.66万户，新设市场主体数量达到新高，成为推动经济转型的重要加速器。至2017年底，全国实有市场主体达9815万户，其中企业3034万户（占比31%），个体工商户6579万户（67%），农民专业合作社202万户（占比2%），平均每千人市场主体拥有量达71户，与2016年相比增加7.7户，

平均每千人企业拥有量达21.9户，与2016年相比增加3.1户。世界银行公布的《2018年营商环境报告》显示，我国营商便利度在全球的排名2017年较2013年提高了18位，其中开办企业的便利度2017年较2016年提升了34位，尤其“优化注册流程”等商事制度改革措施已经得到世界银行的高度肯定。

展望2018年，随着大众创业万众创新文化日益深入人心，中央及地方相关部门双创政策将继续丰富和完善，双创系列政策经过多年的积累其效果将愈发明显。可以预期，在国家双创战略的大力推动下，企业的创业创新环境将日益优化，我国经济活力将进一步提升，中小企业有望迎来新一轮的创业创新高潮，转型升级进程有望加速。

（四）发展形势稳中向好，未来发展预期谨慎乐观

2017年中小企业发展形势稳中向好。根据中国中小企业协会的统计数据显示，2017年中小企业发展指数—宏观经济感受指数稳中有升，从一季度的106上升到四季度的106.2，中小企业发展指数—综合经营指数也从一季度的104稳步上升到四季度的104.5，说明中小企业发展形势整体处于相对稳定，并逐渐显现出改善向好的发展态势。从成本来看，中小企业发展指数—成本指数从一季度的101.3下降到四季度的101，虽然下降幅度不大，但也反映出各类“降成本”政策正在中小企业层面发挥作用，中小企业的成本负担正在逐渐降低，有利于企业经营效益的改善。

2018年，中小企业面临的国际环境将进一步得到改善，受益于发达国家市场回暖需求大增，中小企业出口有望出现大幅增长。统计显示，2018年2月我国对外出口同比大幅增长44.5%（美元计价），主要原因是一般贸易出现大幅增长，中国对主要贸易伙伴出口都实现较大幅度增长，从国别的角度看，对欧贸易顺差增长超过90%。中小企业受益于整体出口形式回暖，外向型出口加工类中小企业将面临较好的外需环境。从国内环境来看，中小企业的宏观经济感受和综合经营水平都呈现出稳定向好的趋势，尤其伴随“降成本”等系列政策效果不断显现，中小企业成本负担也开始逐渐降低。总的来看，中小企业的整体发展形势正处于稳中向好的阶段，未来有望实现稳定复苏。

二、中小企业转型升级面临的问题

随着我国经济发展进入新常态，社会发展进入新时代，国内外形势日趋复杂，市场竞争日趋激烈。中小企业只有转变原有发展模式，坚持创新发展，加快转型升级步伐，才能更好地适应现阶段国内外纷繁复杂的市场环境。因此，转型升级是中小企业未来发展的核心主线，但中小企业转型升级面临内外两个层面问题：

（一）企业内在层面：存在三大短板

一是理念认识不足，内生动力不够。第一，目前我国很多中小企业并没有意识到转型升级的重要性。多数企业只是将转型升级作为一种概念，并未上升到执行层面。第二，很多中小企业不想进行转型升级。企业转型升级、提质增效，需要在前期投入相当的人力、物力、财力，但这些投入产生的转型升级效果难以在短期呈现，也难以评估，这种不确定性使大多数中小企业不愿投入相应的资源进行转型升级。

二是自身能力不足，发展基础不牢。第一，大量中小企业存在着管理不规范，公司治理结构不健全等问题，缺乏转型升级有力的组织和管理保障。第二，由于受到自身条件所限，中小企业缺乏相应的人才和技术，创新能力不足，产品结构单一，产业低端化问题突出，缺乏转型升级的必要条件。

三是信息化基础薄弱，转型手段缺失。第一，信息化应用水平较低。目前，我国中小企业信息化应用主要集中在层次较低的经营管理和电子商务方面，占比分别为27%和25%，对于层级较高的研发设计和产品生产只占到7%和9%。第二，中小企业信息化投入不足，超过50%的中小企业年信息化投入在10万元以下。企业信息化建设是一项周期长、投资大的系统性工程，信息化系统的管理和维护也是一项长期任务，人才、资金等要素不足制约了中小企业信息化建设。

（二）外部环境方面：面临四大制约

一是成本压力高涨压缩企业生存空间。由于受到国际市场变化、经济发展方式转变以及要素市场波动等影响，我国中小企业生产成本不断上升。中小企业成本指数已经由2014年的94.3升至2015年的100.08，再跃至2016年的101.48，2017年一直处于101附近。原材料价格上涨、工资社保成本上升、能源资源价格攀升不断挤压中小企业利润空间，导致部分地区和行业中小企业生存空间不断受到挤压，缺乏自我积累能力，制约转型升级投入能力。

二是融资难融资贵制约中小企业发展。目前，融资问题依然是中小企业普遍反映的首要问题。以作为融资主渠道的银行信贷（占比70%）为例，截至2017年10月末，小微企业贷款余额达到30万亿元，仅占银行业金融机构贷款总额的25%，相对于庞大的企业基数而言仍显不足，大部分企业映然反应存在融资难题。

三是公共服务体系薄弱制约转型发展。以信息化服务为例，数据显示，54.7%的中小企业未使用过政府提供的相关公共服务。再如，创新载体建设也存在滞后现象，包括基地建设重数量增长，入驻率不高；基地运营模式单一，造血机制不足等。据艾瑞数据显示，目前小企业创业基地、众创空间、孵化器、留创园等双创基地的主流服务仍然是场地租赁，占比为81.2%。

四是权益保障不足损害公平市场地位。第一，很多行业对于中小企业存在各种准入壁垒。尤其是部分垄断行业，门槛较高，存在一些有形或者无形的限制，制约了中小企业发展，不利于我国中小企业转型升级，增强市场竞争力。第二，营造市场公平环境的法律制度体系尚不完善。例如，大企业利用优势市场地位侵害中小企业利益行为普遍。但在防止大企业损害中小企业合法权益方面，国内尚无专门立法，仅在《中小企业促进法》《民法通则》等中对履约、诚实守信等有原则性表述，对具体行为缺乏具体处罚措施。

三、应采取的对策建议

（一）继续推进体制机制改革，优化中小企业发展环境

继续大力推进体制机制改革，为我国中小企业创造良好的发展空间，释放企业创业创新活力。一是把全面深化改革作为工作的关键动力，通过深化实施“放管服”改革、转变政府职能，推动建立涉企行政事项清单制度，为企业提供良好的营商环境。二是坚持“多证合一”和行政审批制度改革相结合，按照市场化改革方向，充分发挥市场在资源配置中的决定性作用，实行“多证合一、一照一码”，缩短企业从筹备开办到进入市场的时间。三是在更

大范围推进“证照分离”改革试点工作。“证照分离”改革试点在上海市浦东新区首推以来，通过一系列改革措施，有效降低了企业制度性交易成本，取得显著成效。四是加快推进信息共享。各自贸试验区要提前完成接入国家数据共享交换平台的工作，尽快实现跨部门、跨层级、跨区域信息共享。

（二）加强大中小企业对接，构建融通发展新格局

一是完善大中小企业融通发展的顶层设计，建立大中小企业融通发展工作机制，加强对大中小企业融通发展的指导；二是优化发展环境，建立以负面清单、权力清单、责任清单为主体、兜底线、防风险的融通发展管理制度。三是完善激励机制，构建大中小企业融通发展的立体化政策体系，形成政策“组合拳”，鼓励龙头骨干企业将配套中小企业纳入共同的供应链管理、质量管理、标准管理、合作研发管理等，提升协同制造和协同创新能力；四是引导中小企业加强自身建设，建立从产品设计、生产制造到售后服务全过程的质量管理体系，全面提升质量水平，加大研发投入，提高创新能力，培育发展新动能，提升产业链企业协作配套能力。

（三）优化双创生态环境，促进中小企业转型升级

深入推进双创载体建设。一是坚持政府支持、市场化运作方向。依托具有产业链和创新链资源整合能力的市场化主体建设双创基地，紧紧围绕“双创资源聚合者”“双创服务集成提供者”“双创生态优化者”的角色定位，以基地、空间与入孵企业利益一体化为基础，提升基地服务的积极性和有效性。二是推动小企业创业基地等创业创新孵化行业建立行业协会或联盟，组织制定行业规范，维护市场公平竞争秩序，引导行业健康发展。

加强知识产权保护。一是大力实施中小企业知识产权推进工程，提升中小企业知识产权质量，加强中小企业知识产权保护。二是加强公平竞争和知识产权保护环境建设，为中小企业新技术、新产品、新商业模式等创新权益提供有效的法律保护。三是多元化投入方式，加大资金支持力度。建立以财政科技资金为先导，以让利、奖励等方式撬动和引导金融资本、创投资本和社会资本向科技成果转化领域集聚。

强化创新人才培养。一是开展业务培训和人才培养，提高服务人员的素质和水平。不断提高专业服务人员的比例，优化人才结构，完善激励机制，

增强服务能力。二是加强技术与人才交流。组织实施国际中小企业科技博览会，鼓励和引导中小企业积极参与国际科技交流，鼓励和引导中小企业引进国际先进技术和优秀人才，全面提升创新能力，加快转型升级的进程；三是推动科技成果使用处置和收益管理深化改革，扩大股权和分红激励政策实施范围，完善科技成果转化、职务发明法律制度，使创新人才分享成果收益。

（四）重点突破，补足中小企业发展短板

培育“隐形冠军”既是引导我国经济“脱虚向实”的重要突破口，也是实现制造强国目标的有效路径。一是弘扬“工匠精神”，全面提升质量水平。引导中小企业实施精益化管理，建立从产品设计、生产制造到售后服务全过程的质量管理体系，提高产品质量和服务水平；二是推动实施品牌战略，提升品牌价值和海外影响力。将“中国制造”品牌建设列入“一带一路”战略布局中，开展“中国品牌海外推广计划”，重点培育一批知名品牌。为中小企业提供品牌设计咨询、品牌营销培训等，提升品牌管理能力，鼓励“抱团出海”主动参与国际竞争；三是推动传统制造业中小企业与大数据、云计算、物联网等领域的深度融合，利用新技术、新模式变革传统生产、管理、营销模式，培育质量和品牌竞争新优势，激发传统产业新动能。

提升中小企业信息化水平。引导和鼓励中小企业加大信息化投入力度，发挥各级专项资金的作用，对中小企业尝试信息化新应用、新模式给予适当费用补贴或奖励，降低中小企业采用信息化服务的直接成本；加强第三方服务机构服务队伍的建设，提升服务机构的服务质量和水平，依托专业化的第三方服务，推动中小企业信息化建设；推动各地中小企业公共服务平台网络整合信息化服务资源，保障平台网络互联互通，推进信息化服务资源共享，扩展服务功能，提高信息化服务的针对性和实效性；完善中小企业信息化相关政策体系，借鉴欧盟、新加坡等地区财政资金使用方式的成功经验，引导中小企业根据自身需求特点选择适合的信息化服务。

加强对中小企业的资金支持力度。一是加强现有政策的执行力度，加强对困扰中小企业间接融资难题的长期追踪，如银行放贷流程繁琐等问题，建立政策评估机制，完善中小企业间接融资环境；二是继续发挥中小企业发展基金的引导作用，探索有效的国家与地方中小企业发展基金的联动机制，加大

对种子期、初创期成长型中小企业的支持力度；三是督促地方政府按照新修订的《中小企业促进法》要求，在财政预算中安排中小企业发展专项资金，加大对中小企业的资金支持力度；四是设立中小企业融资担保基金，加大对担保机构的支持力度，引导担保机构积极服务中小企业、承担风险分担的作用，助力中小企业降低融资难度，纾解融资难题。

第十四章　2018年中小企业发展政策环境展望

2018年中小企业发展政策环境将继续优化，减税降费政策红利不断释放，中小企业成本负担有望进一步降低；纾解融资难融资贵问题的政策措施日益丰富，中小企业融资环境将持续改善；对外合作继续深入推进，中小企业跨区域合作领域将进一步拓宽；"互联网+"主线突出，中小企业信息化转型有望加速；知识产权战略推进工程全面实施，中小企业享受的政策支持力度不断加大；创新创业继续深入推进，中小企业的市场活力将日益增强。

一、减税降费——企业负担下降

2017年，中央及地方各部门高度重视中小企业税费负担重问题，各类减税降费措施不断出台，并且取得了较为显著的成效。根据全国税务工作会议的统计数据显示，2017年共减税9100多亿元，与2016年相比减税额度增加3400多亿元，在支持创业创新领域减税规模超过5000亿元，其中，小微企业按照一定条件享受所得税减半征收、增值税豁免（月销售额不足3万元的小微企业）等优惠政策，降低税收负担1600多亿元，惠及纳税主体3600多万户。自营改增改革以来，企业实际税收负担不断降低，至2017年底减税额度已经累计接近2万亿元，减税政策红利不断显现。此外，各类行政事业性收费项目也在不断减少，财政部、发改委印发《关于清理规范一批行政事业性收费有关政策的通知（财税〔2017〕20号）》，将40余项中央行政事业性收费予以取消或停征，同时将商标注册收费降低50%，并要求各省级地区对本地区各类行政事业性收费进一步进行清理，通过目录清单公示来接受全社会的监督。随着各类减税降费政策的不断完善，中小企业的税费负担正在不断降低，这为中小企业创新转型升级路径、化解宏观经济下行压力创造了条件，更为提高经济发展质量、优化经济结构提供了时间和空间。

2018 年，进一步降低中小企业税费负担仍然是政策的主线。政府工作报告提出 2018 年要进一步降低企业税费负担，扩大享受所得税优惠（即“减半征收”）的小微企业范围，以增加市场活力为目标，全年再实现企业及个人减税 8000 亿元，通过清理和规范行政事业性收费，再减费 3000 亿元，从而推动实体经济增加转型新动能。为实现上述目标，税务总局印发《关于延续小微企业增值税政策的通知》，提出 2018 年 1 月 1 日至 2020 年 12 月 31 日期间，继续对销售额 2 万—3 万元/月的增值税小规模纳税人免征增值税。此外，财政部为引导和鼓励金融机构加大小微企业信贷支持力度印发了《关于支持小微企业融资有关税收政策的通知》，提出 2018 年 1 月 1 日至 2020 年 12 月 31 日，对金融机构对小微企业的借款合同免征印花税；对金融机构向农户、小微企业及个体工商户发放贷款取得的利息收入免征增值税的有效期延长到 2019 年 12 月 31 日。在中央及地方各级部门不断出台税费优惠政策的背景下，中小企业税费优惠政策体系不断丰富和完善，中小企业税费负担下降的政策红利将不断显现。

二、纾解融资难——融资环境改善

“融资难、融资贵”一直是困扰中小企业发展的重要难题，为落实国务院颁布的《推进普惠金融发展规划（2016—2020 年）》，进一步推动小微企业了解融资知识和相关金融产品，工信部印发《关于开展小微企业金融知识普及教育活动的通知》，以小微企业金融知识扫盲为重点，对有融资需求、金融知识培训需求的小微企业开展普及教育，推动小微企业提高对金融产品和相关服务的认知度。此外，央行、银监会及其他相关政府部门也都将纾解中小企业融资难题作为推动中小企业发展的工作重点。截至 2017 年 12 月 31 日，全国小微企业在银行业金融机的贷款余额达到 30 万亿元，占银行业金融机构贷款总额的 25%；小微企业贷款较 2016 年末增加 4 万亿元，实现同比增长 15% 以上，比各项贷款平均增速高 2. 7 个百分点；小微企业的贷款户数 1500 多万户，较上年同比增加 160 万户；小微企业的申贷获得率为 95. 3%，较上年提高 1. 67 个百分点，金融支持小微企业发展的“三个不低于”目标全面实现。

总的来看，在多重政策的合力作用下，中小企业的融资环境正在不断改善。

2018 年，新修订的《中华人民共和国中小企业促进法》于 1 月 1 日开始正式实施生效，新法尤为重视解决中小企业融资难题，将“融资促进”单独列示一章，从“宏观调控、普惠金融、融资方式”等不同方面系统提出政策举措，全面优化中小企业融资环境。在宏观调控方面，提出人民银行要综合运用货币政策工具引导金融机构加大对小微企业的金融支持，对小微企业实施定向政策优惠；在金融监管方面，提出银监会对金融机构的小微企业金融服务要制定差异化监管政策，提高小微企业不良贷款的容忍度，推动金融机构增加小微企业贷款规模；在普惠金融方面，提出构建普惠金融政策支持体系，引导中小银行、非存款类放贷机构以及互联网金融健康规范发展，引导银行业金融机构向城乡欠发达地区增加网点，下沉金融服务，国有大型商业银行应设立普惠金融机构，丰富小微企业金融服务；在融资方式方面，提出健全多层次资本市场体系，丰富股权融资渠道，发展债务融资市场，推动中小企业拓宽直接融资方式，完善担保融资制度，支持金融机构开展应收账款、知识产权等动产担保融资，尤其强调中小企业开展应收账款融资，其应收账款的付款方要及时确认债权债务关系，支持中小企业以应收账款质押融资的方式开展融资。总体来看，随着新修订的“中小企业促进法”正式颁布实施，中央及地方相关部门在推动落实新“促进法”的过程中，中小企业融资政策体系将进一步完善和优化，中小企业融资难问题有望得到全面缓解。

三、跨区域合作——领域不断拓宽

支持中小企业跨区域合作是推动中小企业利用国际国内两个市场，对接全球资源的重要途径，也是国家“一带一路”战略倡导的重要发展方向。通过引导中小企业跨区域合作，推动中小企业积极对接国际产业变化趋势，加速转型升级进程。截至 2017 年底，工业和信息化部认定了 9 家国家级中外中小企业合作示范区，地方不仅将合作区建设视为推动本地区中小企业“走出去”的平台，也将其视为海外项目“引进来”的重要渠道，并以合作区建设为基础，不断完善中小企业对外合作机制，促进中小企业对海外先进技术的引进、消化和吸收，推动中小企业加速转型升级进程。为进一步细化推动中小企业国际化发展的政策措施，2017 年 7 月工信部印发《中小企业“一带一路”同行计划》，推动中外合作园区建设工作全面启动，扶持外向型中小企业在国内集聚发展，通过展览展销、团组考察、人才培训、招商引资、项目对接、服务体系建设等方式推动园区企业提高国际合作能力；8 月工信部联合中国国际贸易促进委员会印发《关于开展支持中小企业参与“一带一路”建设专项行动的通知》，进一步推动我国中小企业与“一带一路”沿线各国积极开展经济技术合作以及贸易投资往来。中外中小企业合作区建设已经成为我国深入推进“一带一路”战略的重要抓手，对改善中小企业对外合作环境，引导中小企业充分利用国内外优质资源，促进中小企业转型升级具有重要意义。

2018 年，国际化仍然是推动中小企业发展的政策支持重点。政府工作报告提出 2018 年“坚持对外开放的基本国策。推动一批重大互联互通、经贸合作项目落地”。工信部中小企业局在年初公布的年度重点工作中明确提出，要进一步推动中小企业国际化发展，加强与主要的双边国家在政策、投资、科技等领域的合作与沟通，完善沟通磋商机制；加强中德双边中小企业管理人员培训，完善海外服务体系建设，推动有关部门在德国设立“中国中小企业中心”；积极对接全球创新资源，推动建立跨境创新合作平台，重点发挥中国银行“跨境撮合服务平台”的资源纽带作用，设立中德中小企业合作专项贷款，优化中小企业融资环境；加强中外中小企业合作区建设，发挥国家级合作区的示范引领作用，打造外向型的产业集群，丰富培训内容完善培训体系；通过中小企业国际博览会、APEC 中小企业技术交流暨展览会，打通双边及多边协调沟通对接机制；推进 APEC 中小企业信息化促进中心建设，探索完善可持续的发展模式。此外，中国国际贸易促进委员会也提出进一步组织开展中小企业参与“一带一路”建设专项行动，以国家“一带一路”战略实施为契机，推动中小企业国际化发展；浙江等众多地方省份也明确提出了本省推动中小企业国际化发展的政策举措，包括充分利用国家层面推动中小企业国际化发展的各类平台，推进与“一带一路”沿线国家官方机构建立长期沟通协商机制等。可以预期，随着中央及地方各级部门纷纷提出进一步推动中小企业国际化发展，推动跨区域合作的相关措施不断完善，中小企业国际化发展的政策环境将日益优化。

四、信息化发展——推动“互联网+”

2017年，国务院印发《关于深化“互联网+先进制造业”发展工业互联网的指导意见》，提出“加快中小企业工业互联网应用普及，提升中小企业数字化、网络化基础能力。促进大众创业万众创新和大中小企业融通发展，深入推进‘互联网+’，形成实体经济与网络相互促进、同步提升的良好格局”。在中央大力提倡“互联网+”发展的背景下，推动中小企业提高信息化水平已经成为各级政府部门的重要政策举措。对此，工信部出台了《关于进一步推进中小企业信息化的指导意见》，政策扶持重点放在以信息技术提升中小企业研发设计水平、改造生产制造方式、提升经营管理能力、优化市场营销等方面，提出发挥大型信息化服务商的资源优势，加强中小企业信息化服务体系建设，降低企业的应用成本，推动中小企业提升信息化水平，培育新兴业态，推动中小企业创新发展；同年12月，为更好地推动信息技术实力强的机构为中小企业提供信息化服务，工信部授予北京云基地、北京软件和信息服务易所、中国电子科技集团54所等明显具有信息技术优势的百余家机构为“国家中小企业公共服务示范平台”，鼓励和支持这些机构为中小企业提供信息及技术服务，帮助中小企业提升信息化水平加速转型升级进程。除中央层面外，地方政府也积极推动“中小企业+互联网”相关工作，如湖南经信委在2017年启动“中小企业+互联网”专项行动，推动中小企业提高两化融合水平；广西为助力中小微企创业，启动“互联网+创业节”，全面优化中小企业信息化发展环境。

2018年，中央及地方各级政府部门进一步推动企业的信息化发展，扶持中小企业信息化发展的政策措施有望继续丰富。工信部中小企业局在年度工作要点中明确提出要进一步组织实施中小企业信息化推进工程，积极引导和支持中小企业参与“互联网+先进制造业”，推动中小企业提高信息化发展水平；主办中小企业信息化服务信息发布会和中小企业信息化发展论坛，发挥大型信息化服务商的技术和渠道优势，创新服务模式，完善中小企业信息化服务体系；支持中小企业信息化服务机构整合服务资源、搭建服务平台，开放资源入口，打造服务于特定行业和领域的专业化服务平台；大力推动中小企业上云，引导中小企业了解并探索使用云计算等新一代信息技术，推广以租代建的信息化服务模式，降低中小企业的信息化应用门槛。在中央部门的倡导下，各地中小企业主管部门积极落实推动信息化发展的相关工作部署，如深圳市出台“2018 年度深圳市民营及中小企业信息化建设项目资助补贴”政策，对中小企业信息化建设项目购置的软硬件及网络资源进行补贴，同时加大中小企业信息化应用服务示范平台项目的资金支持力度，扩大资助范围；江苏省经信委提出要开展“互联网 + 小微企业”行动，通过筛选一批工业互联网推动小微企业提升信息化水平的示范解决方案，树立典型加大推广，引导中小企业信息化发展。随着中央及地方推动中小企业信息化发展的政策措施不断出台，中小企业信息化服务体系将日趋完善，信息化的发展环境将更加优化，中小企业信息化转型有望实现加速发展。

五、知识产权——加大引导支持

2017 年，工业和信息化部联合国家知识产权局全面组织实施中小企业知识产权战略推进工程，在充分总结 2009 年开始实施的“中小企业知识产权战略推进工程”五年试点期 32 个试点城市取得经验的基础上，提出“以提升知识产权创造、运用、保护和管理能力为主线”，推动中小企业创新水平和创造能力提升。全面组织实施中小企业知识产权战略推进工程是践行国家创新驱动战略，贯彻《国务院关于新形势下加快知识产权强国建设的若干意见》《国务院关于扶持小型微型企业健康发展的意见》精神的重要政策措施。党的十九大报告中明确提出“深化科技体制改革，建立以企业为主体、市场为导向、产学研深度融合的技术创新体系，加强对中小企业创新的支持，促进科技成果转化”，党中央高度重视中小企业发展知识产权，推动中小企业提升知识产权水平已经成为我国践行创新驱动战略，推动企业创新发展的重要政策支点。

2018 年，习近平总书记在参加十三届全国人大一次会议审议时指出，要“加强对中小企业创新支持，培育更多具有自主知识产权和核心竞争力的创新型企业”；总理政府工作报告中也明确提出“强化知识产权保护，实行侵权惩罚性赔偿制度。要以保护产权、维护契约、统一市场、平等交换、公平竞争为基本导向，完善相关法律法规”。党中央国务院都高度重视知识产权工作，推动中小企业发展知识产权是中央推动创新型国家建设的重要举措。工信部中小企业局在2018年度工作要点提出将会同知识产权局，在20个城市的多个集聚区进一步实施“中小企业知识产权战略推进工程”，引导中小企业提升和强化知识产权创造、保护和运用的能力。随着中央及地方政府各部门落实中央政策精神相继开展有关工作，中小企业知识产权领域相关政策措施将不断完善，中小企业的创新发展环境有望进一步得到优化。

六、创新创业——持续深入推进

2017年，为进一步增加中小企业创新创业发展活力，中央及地方各级政府持续出台优化中小企业创新创业环境的扶持政策。工信部开展国家小型微型企业创业创新示范基地遴选工作，经专家评审共筛选出103家国家示范基地，引领和示范各地创业创新工作；同时修改完善了《国家中小企业公共服务示范平台认定管理办法》，并遴选了188家国家中小企业公共服务示范平台，进一步完善中小企业服务体系。工商总局出台《关于做好“多证合一”改革工作的指导意见》，提出处理好“多证合一”改革与“并联审批”“证照联办”关系，进一步简政放权，用“减证”推动“简政放权”，同时推动“多证合一”应用场景便利化，以“一照一码”全国通用为目标，推动营业执照跨区域互认工作。商务部、海关总署、税务总局等五部门联合印发《关于促进外贸综合服务企业健康发展有关工作的通知》，明确商务部将加强横向和纵向合作与联动，推动各监管部门信息共享和联合监管；海关总署将继续完善企业信用管理办法，进一步修订和完善综合服务认证标准；税务总局将进一步完善企业出口退（免）税管理办法，为生产企业申报出口退税提供便利；质检总局将加强企业信用分类管理及创新支持措施；外汇局进一步完善企业贸易外汇收支监管、核查及动态监测措施。此外，地方中小企业各级相关政府部门也纷纷出台政策扶持措施，进一步推动中小企业创新创业进程深入推进，大众创业万众创新的环境持续优化和改善。

2018年，中央及地方各级政府部门将继续推进创新创业政策的贯彻和落实，中小企业创新创业环境有望进一步优化。2018年3月5日，李克强总理在第十三届全国人民代表大会第一次会议上做的政府工作报告中提出要“促进大众创业、万众创新上水平”，推动“双创”示范基地建设，进一步鼓励高校科研院所及大型企业开放创新创业资源，推动产学研联动发展，努力构建中小企业融通发展的格局。工信部积极落实中央工作部署，已启动“2018 国家小型微型企业创业创新示范基地”评比工作，旨在为中小企业创造更好的创业创新基础设施和服务。浙江省在 2018 年中小微企业工作重点中提出要精心策划举办“创客中国”创新创业大赛，筛选组织优质项目参加全国总决赛。可以预期，随着创新创业系列政策不断完善及相关工作的持续深入推进，双创的政策环境将进一步优化，中小企业市场活力和社会创造力有望竞相迸发。

后 记

《2017—2018 年中国中小企业发展蓝皮书》是由中国电子信息产业发展研究院赛迪智库中小企业研究所编制完成。本书通过客观描述中小企业发展情况、深入分析中小企业发展环境、系统梳理中小企业面临的突出问题，科学展望2018 年中小企业发展前景，为读者提供了2017—2018 年度中小企业发展的全景式描述；通过对中小企业突出问题的专题分析，为读者提供中小企业发展相关重点领域的深度刻画。

本书由刘文强担任主编，赵卫东任副主编。全书共分十四章，赵卫东负责书稿的整体设计、内容把控和修改定稿，韩娜负责撰写第一、二章内容，冷哲负责第三章内容，王世崇负责撰写第四章内容，张朝负责第五、七章内容，巩键负责撰写第六、九章内容，张洁负责撰写第八章内容，陈辰负责撰写第十章内容，景治铖负责撰写第十一、十二章内容，龙飞负责撰写第十三、十四章内容。

在本书的撰写过程中，工业和信息化部中小企业局给予了精心指导和大力协助，在此向各位领导和专家的帮助表示诚挚的谢意。

通过本书的研究，希望为中小企业相关政府主管部门制定决策提供参考，为中小企业领域的研究人员以及中小企业管理者提供相应的基础资料。

赛迪智库

面向政府　服务决策

思想，还是思想
才使我们与众不同

《赛迪专报》
《赛迪译丛》
《赛迪智库·软科学》
《赛迪智库·国际观察》
《赛迪智库·前瞻》
《赛迪智库·视点》
《赛迪智库·动向》
《赛迪智库·案例》
《赛迪智库·数据》
《智说新论》
《书说新语》
《两化融合研究》
《互联网研究》
《网络空间研究》
《电子信息产业研究》
《软件与信息服务研究》
《工业和信息化研究》
《工业经济研究》
《工业科技研究》
《世界工业研究》
《原材料工业研究》
《财经研究》
《装备工业研究》
《消费品工业研究》
《工业节能与环保研究》
《安全产业研究》
《产业政策研究》
《中小企业研究》
《无线电管理研究》
《集成电路研究》
《政策法规研究》
《军民结合研究》

编 辑 部：工业和信息化赛迪研究院
通讯地址：北京市海淀区万寿路27号院8号楼12层
邮政编码：100846
联 系 人：王 乐
联系电话：010-68200552 13701083941
传　　真：010-68209616
网　　址：www.ccidwise.com
电子邮件：wangle@ccidgroup.com